| 차시 | 날짜 | | 빠르기 | 정확도 | 확인란 |
|---|---|---|---|---|---|
| 1 | 월 | 일 | 타 | % | |
| 2 | 월 | 일 | 타 | % | |
| 3 | 월 | 일 | 타 | % | |
| 4 | 월 | 일 | 타 | % | |
| 5 | 월 | 일 | 타 | % | |
| 6 | 월 | 일 | 타 | % | |
| 7 | 월 | 일 | 타 | % | |
| 8 | 월 | 일 | 타 | % | |
| 9 | 월 | 일 | 타 | % | |
| 10 | 월 | 일 | 타 | % | |
| 11 | 월 | 일 | 타 | % | |
| 12 | 월 | 일 | 타 | % | |

| 차시 | 날짜 | | 빠르기 | 정확도 | 확인란 |
|---|---|---|---|---|---|
| 13 | 월 | 일 | 타 | % | |
| 14 | 월 | 일 | 타 | % | |
| 15 | 월 | 일 | 타 | % | |
| 16 | 월 | 일 | 타 | % | |
| 17 | 월 | 일 | 타 | % | |
| 18 | 월 | 일 | 타 | % | |
| 19 | 월 | 일 | 타 | % | |
| 20 | 월 | 일 | 타 | % | |
| 21 | 월 | 일 | 타 | % | |
| 22 | 월 | 일 | 타 | % | |
| 23 | 월 | 일 | 타 | % | |
| 24 | 월 | 일 | 타 | % | |

# 이 책의 목차

**1**

4

동물병원 안내지 만들기

**2**

10

나는야 인기 웹툰 작가!

**3**

16

나의 미래 직업 찾기

**4**

22

유행어!
어디까지 알고 있니?

**16**

94

조선의 탄생,
역사 신문 만들기

**15**

88

로봇 캐릭터 카드 만들기

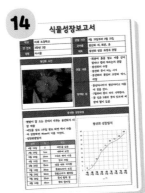

**14**

82

식물 성장 보고서 만들기

**13**

76

게임을 즐겨라!
보드 게임판 만들기

**17**

100

고민이 있다면?
예언이 담긴 책 만들기

**18**

105

친구야 어서와,
생일 초대장 만들기

**19**

111

새학기 이름표 만들기

**20**

117

박물관에 다녀왔어요!
견학 보고서 만들기

재미있는 작품들을 만들다 보면
어느새 나도 한글 2016 전문가!!

**5**

28
특별한 기억을 담은
사진 앨범 만들기

**6**

34
저를 뽑아주세요!
선거 공약 포스터 만들기

**7**

40
방학 생활 계획표를
완성하라!

**8**

46
참 잘했어요!
칭찬 스티커

**12**
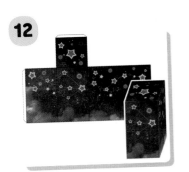
70
반짝반짝 빛나는
별빛 램프

**11**
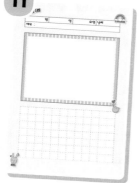
64
오늘 뭐했지?
그림일기장 만들기

**10**

58
새학기 시간표 만들기

**9**

52
할로윈 파티 가면 만들기

**21**
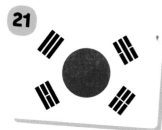
122
힘내라 대한민국!
태극기 만들기

**22**

128
아하! 일상에서 발견한
과학 상식

**23**

133
게임 스토리보드 만들기

**24**

139
우주인 탐구생활
프레젠테이션하기

# 01 동물병원 안내지 만들기

서은이는 학교가 끝나고 동물병원에 들러 치료가 끝난 애완동물 뿌뿌를 데리고 집으로 왔어요. 병원에서 의사선생님이 말씀해주신 내용을 안내지로 만들어 애완동물을 키우고 있는 친구들에게 주려고 해요. 어떻게 하면 예쁘게 만들 수 있을까요?

학습목표
» 편집 용지의 크기를 지정하고 용지 여백을 설정할 수 있습니다.
» 용지의 배경 그림을 쪽 테두리/배경으로 지정할 수 있습니다.
» 그림을 삽입하고 크기를 조절할 수 있습니다.

· 실습파일 : 동물병원 안내지(예제).hwp, 이미지 파일(동물병원, 애완견)　· 완성파일 : 동물병원 안내지(완성).hwp

미리보기

오늘 배울 기능

➡ **편집 용지 설정** : [쪽] 탭-[편집 용지]([F7])

➡ **쪽 테두리/배경 설정** : [쪽] 탭-[쪽 테두리/배경]

➡ **그림 삽입** : [입력] 탭-[그림]([Ctrl]+[N], [I])

# 1 편집 용지와 쪽 배경 지정하기

**01** [실습파일&완성파일]-[01차시] 폴더에서 '**동물병원 안내지(예제).hwp**' 파일을 더블 클릭하여 실행하고, 편집 용지를 설정하기 위해 **[쪽] 탭-[편집 용지]**를 클릭해요.

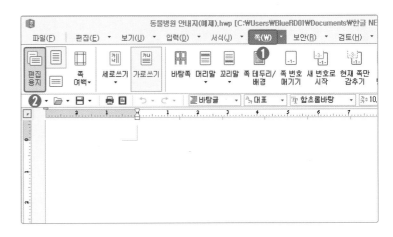

**02** [편집 용지] 대화상자가 나타나면 **[기본]** 탭에서 용지 종류를 '**사용자 정의**'로 설정하고 '**길이**'를 변경한 후 용지 여백에서 '**위쪽, 머리말, 꼬리말**'의 값을 지정한 다음 [설정]을 클릭해요.

- ❷ 사용자 정의 ❸ 270mm ❹ 90mm ❺ 10mm ❻ 0mm

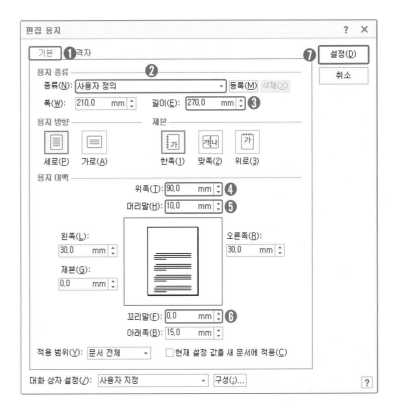

**03** 그림을 용지의 쪽 배경으로 이용하기 위해 **[쪽] 탭-[쪽 테두리/배경]**을 클릭해요.

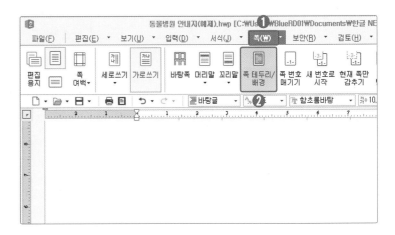

**04** [쪽 테두리/배경] 대화상자가 나타나면 **[배경] 탭**에서 '**그림**'에 **체크**하고 '**그림 선택**(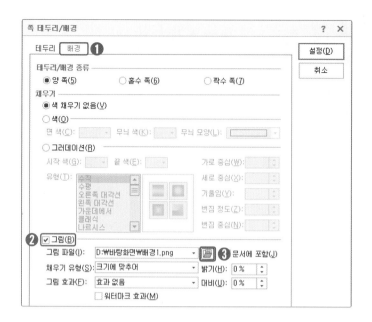)' 아이콘을 클릭해요.

💡 처음 '그림'에 체크하는 경우에는 바로 [그림 넣기] 대화상자가 나타나기도 해요.

**05** [그림 넣기] 대화상자가 나타나면 **[01차시]** 폴더에서 '**동물병원.png**' 파일을 선택한 후 [넣기]를 클릭해요.

💡 [문서에 포함]을 [그림 넣기] 대화상자에서 미리 지정할 수도 있어요. [문서에 포함]을 지정하면 원본 그림 파일이 없어져도 문서에 그림이 계속 남아 있어요.

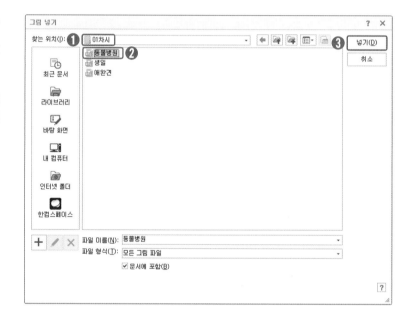

**06** 다시 [쪽 테두리/배경] 대화상자로 돌아오면 '**문서에 포함**'에 **체크**하고 채우기 유형을 '**크기에 맞추어**'로 지정한 후 [설정]을 클릭해요.

💡 '크기에 맞추어'로 지정하면 용지 크기에 맞춰 그림의 크기가 확대 또는 축소돼요.

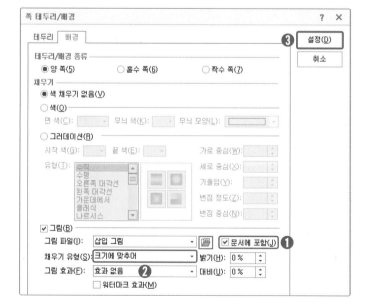

## ➋ 글자 입력하고 그림 삽입하기

**01** 배경이 설정되면 다음과 같이 글자를 입력하고 블록 지정한 후 서식 도구 상자에서 글꼴, 글자 크기, 정렬을 지정해요.

- ➌ 경기천년제목V Bold ➍ 23pt ➎ 가운데 정렬

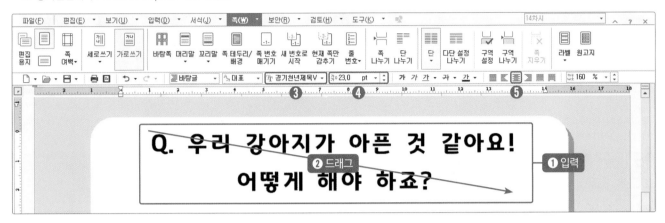

**02** '~하죠?' 뒤에서 [Enter]를 눌러 커서를 다음 줄로 옮긴 후 그림을 입력하기 위해 **[입력] 탭-[그림( )]**을 클릭해요.

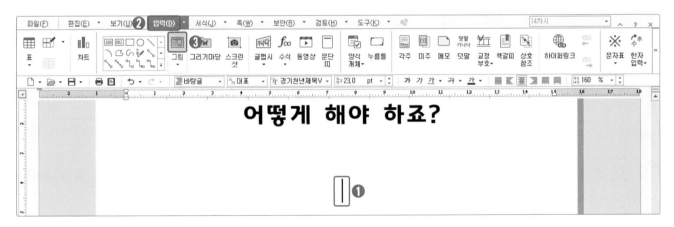

**03** [그림 넣기] 대화상자가 나타나면 **[01차시] 폴더**에서 '**애완견.png**'를 선택하고 '**문서에 포함**', '**글자처럼 취급**'에 **체크**한 후 [넣기]를 클릭해요.

💡 '글자처럼 취급'을 지정하면 개체가 현재 커서 위치에 삽입되고, 글자를 입력하거나 지우는 것에 따라 개체의 위치가 달라져요.

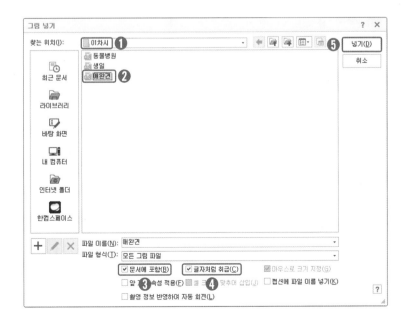

**04** 그림이 삽입되면 그림을 클릭하고 오른쪽 아래의 조절점을 안쪽으로 드래그하여 크기를 줄여주세요.

**05** Enter 를 눌러 다음 줄로 커서를 옮긴 후 다음과 같이 글자를 입력해요.

💡 원문자 숫자는 Ctrl + F10을 눌러 [문자표 입력] 대화상자가 나타나면 [한글(HNC) 문자표]-[원 문자 조각]을 이용하여 입력할 수 있어요.

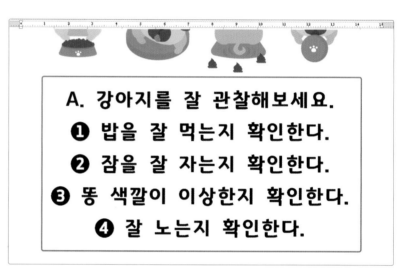

**06** 글자에 서식을 설정하기 위해 ❶~❹ 항목을 블록 지정한 후 서식 도구 상자에서 글꼴, 글자 크기, 글자 색을 지정해요.

• ❷ 경기천년제목 Medium ❸ 19pt ❺ 남색(RGB:58,60,132) 10% 어둡게

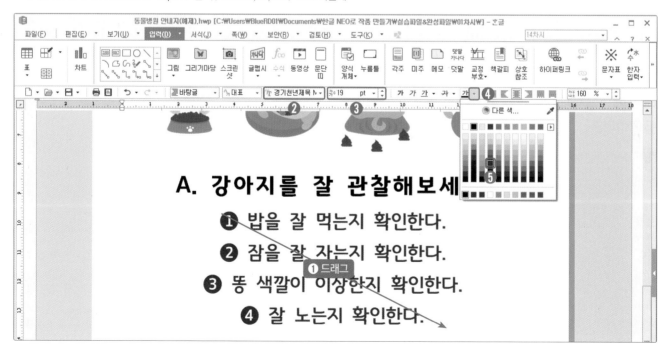

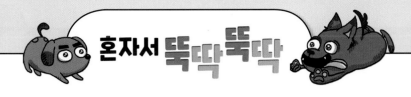

혼자서 뚝딱 뚝딱

**1** 새 문서에서 쪽 배경을 지정하여 다음과 같이 생일 카드를 완성해 보세요.

• 실습파일 : 생일.png    • 완성파일 : 생일카드(완성).hwp

쪽 테두리/배경 : 그림(생일.png),
문서에 포함, 크기에 맞추어

내가 사랑하는 은진이에게!!

경기천년제목V Bold, 20pt

경기천년제목 Bold, 17pt,
하늘색(RGB:97,130,214),
주황(RGB:255,132,58)

은진아! Happy Birthday!!
너랑은 유치원 때부터 계속 친하게 지내서 정말 좋아!
앞으로도 우리 우정 변하지 말고 계속 함께 하자.
선물은 네가 지난 번 얘기한 쿠폰을 보내줄게.
역시 생일에 쿠폰이 최고지!
행복한 생일 보내^^

경기천년바탕 Regular, 16pt

너의 친구 미연이가♥

양재본목각체M, 16pt

# 02 나는야 인기 웹툰 작가!

그림을 잘 그리고 글쓰기를 좋아하는 재환이는 웹툰 작가가 꿈이에요. 웹툰 작가는 스토리를 정하고 그림을 그린 다음 대화 내용까지 써야 해서 쉽지는 않은 직업이에요. 하지만 지금부터 천천히 연습해 본다면 멋진 웹툰 작가가 될 수 있을 거예요. 오늘부터 열심히 노력해 볼까요?

**학습목표**
» 그리기마당에서 다양한 그리기 조각을 삽입할 수 있습니다.
» 입력한 개체를 복사하고 크기를 조절할 수 있습니다.
» 글꼴, 글자 크기, 속성 등을 지정할 수 있습니다.

· 실습파일 : 웹툰(예제).hwp    · 완성파일 : 웹툰(완성).hwp

➤ **그리기 조각 삽입** : [입력] 탭-[그리기마당]
➤ **글자 서식 지정** : [서식] 탭-[글자 모양]([Alt]+[L])

# 1 그리기 조각 삽입하고 대화 입력하기

01 '웹툰(예제).hwp' 파일을 실행하고 웹툰에 사용할 그림을 추가하기 위해 [입력] 탭-[그리기마당]을 클릭해요.

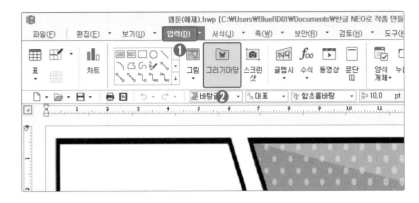

02 [그리기마당] 대화상자가 나타나면 [그리기 조각] 탭-[캐릭터(외계인)]을 클릭해 '우주선2'를 선택하고 본문의 첫 번째 칸에 드래그하여 삽입해요.

💡 [그리기마당] 대화상자의 '바로 넣기'에 체크되어 있으면 대화상자가 열려있는 상태에서 문서에 드래그하여 개체를 바로 삽입할 수 있어요.

03 다시 [그리기마당] 대화상자로 마우스 포인터를 가져가 [그리기 조각] 탭-[설명상자(일반)]을 클릭해 '말풍선24'를 선택하고 [넣기]를 클릭한 후, 우주선 위쪽에 드래그하여 말풍선을 삽입해요.

**04** `Esc`를 눌러 개체 선택을 해제하고 말
풍선 안쪽을 클릭하여 글자를 입력해요.

💡 문서에 삽입한 그리기 조각은 상황에 맞게 위치나
크기를 조절해 가면서 작업해요.

**05** 글자를 블록 지정한 후 **[서식] 탭-[글자 모양]**을 클릭해요. [글자 모양] 대화상자가 나타나면 **[기본] 탭**에서 글자
크기, 글꼴, 글자 색을 지정하고 [설정]을 클릭해요.

• ⑤ 16pt ⑥ HY동녘B ⑦ 남색(RGB:58,60,132)

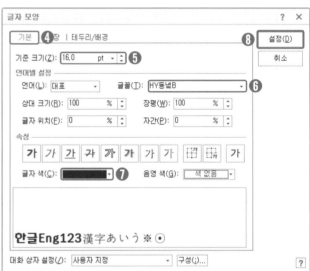

**06** 글자가 블록 지정된 상태에서 서식 도구 상자에서 **'가운데 정렬(≡)'**을 클릭해요.

**01** '**우주선2**' 개체를 선택하고 [Ctrl]을 누른 상태에서 드래그하여 두 번째 칸에 복사해요.

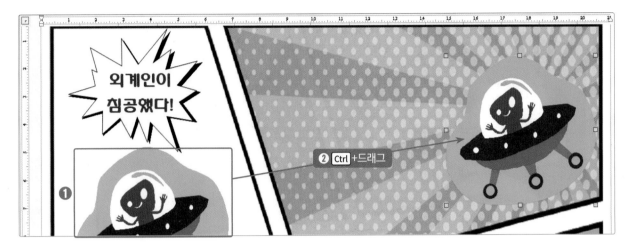

**02** 복사한 개체의 조절점을 드래그하여 크기를 조절한 후 그림과 같이 배치해요.

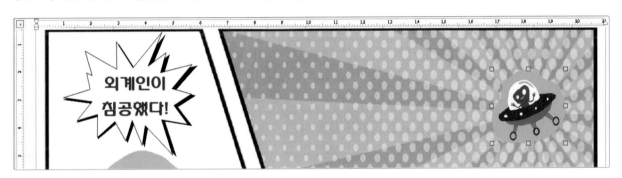

[Shift]를 누른 상태에서 조절점을 드래그하면 같은 비율로 너비와 높이를 조절할 수 있어요.

**03** 다시 [그리기마당] 대화상자를 불러와 **[그리기 조각] 탭–[캐릭터(인물)]**에서 '**놀란얼굴**', **[설명상자(일반)]**에서
'**말풍선06**'을 각각 추가해요. 말풍선 안에는 글자를 입력하고 서식 도구 상자에서 글꼴, 글자 크기를 설정해요.

- 글꼴 '경기천년바탕 Bold', 글자 크기 '16pt'

**04** 같은 방법으로 그리기마당에서 그리기 조각을 추가하고 말풍선 안에 글자를 입력해요. 글꼴, 글자 크기, 글자 색을 설정해 웹툰을 완성해요.

| 만화 칸 | [그리기마당]-[그리기 조각] | 말풍선 서식 설정 |
|---|---|---|
| ❸ | 캐릭터(직업)-군인/경찰관, 설명상자(일반)-말풍선06 | |
| ❹ | 캐릭터(외계인)-외계인9, 설명상자(일반)-말풍선03 | 경기천년바탕 Bold, 16pt, 가운데 정렬 |
| ❺ | 생활(무기연장)-방패, 설명상자(일반)-말풍선06 | |
| ❻ | 캐릭터(외계인)-외계인9, 설명상자(일반)-말풍선03 | |
| ❼ | 캐릭터(인물)-웃는얼굴, 설명상자(일반)-말풍선03 | 한컴 백제 B, 23pt, 주황(RGB:255,132,58), 가운데 정렬 |

💡 같은 모양의 그리기 조각은 복사하여 사용하면 빠르게 작업할 수 있어요.

혼자서 뚝딱뚝딱

**1** 그리기마당을 이용하여 작성 조건에 따라 캐릭터를 소개하는 문서를 만들어 보세요.

• 실습파일 : 캐릭터 소개(예제).hwp    • 완성파일 : 캐릭터 소개(완성).hwp

🧭 **작성 조건**

| 제목 | 양재참숯체B, 30pt, 노랑(RGB:255,215,0) |
|---|---|
| 울트라걸 | • 말풍선 : 설명상자(일반)-말풍선01<br>• 이름 : 한컴 백제 B, 18pt, 주황(RGB:255,132,58), 가운데 정렬<br>• 설명글 : 한컴 윤고딕 240, 11pt |
| 윈드보이 | • 말풍선 : 설명상자(일반)-말풍선25<br>• 이름 : 한컴 백제 B, 18pt, 남색(RGB:58,60,132), 가운데 정렬<br>• 설명글 : 한컴 윤고딕 240, 11pt |
| 헝그리 맨 | • 말풍선 : 설명상자(일반)-말풍선03<br>• 이름 : 한컴 백제 B, 18pt, 초록(RGB:40,155,110), 가운데 정렬<br>• 설명글 : 한컴 윤고딕 240, 11pt |

# 03 나의 미래 직업 찾기

도윤이는 미래에 갖고 싶은 직업이 여러 가지라 고민이 많아요. 의사, 선생님, 탐험가, 운동선수 등등 정말로 하고 싶은 일들이 많답니다. 하고 싶다고 해서 다 할 수는 없겠지만 어떤 직업이 나에게 맞을지, 각각의 직업에 대해서 하나씩 알아보려고 해요. 같이 직업에 대해 알아볼까요?

**학습목표**
» 글상자를 이용해 원하는 위치에 글자를 입력할 수 있습니다.
» 그림을 원하는 순서대로 배치하고 정렬할 수 있습니다.
» 개체를 그룹으로 묶거나 해제할 수 있습니다.

· **실습파일** : 나의 미래 직업 찾기(예제).hwp, 이미지 파일(얼굴1~얼굴3)   · **완성파일** : 나의 미래 직업 찾기(완성).hwp

## 나의 미래 직업 찾기

아픈 사람을 고치는 의사          금메달을 따는 운동선수

모험을 즐기는 탐험가          학생을 가르치는 교사

▶ **글상자 삽입** : [입력] 탭-[가로 글상자]([Ctrl]+[N], [B])
▶ **그림 개체 순서 변경** : [그림] 탭-[배치]-[글 앞으로]([Shift]+[Home])
▶ **개체 묶기/개체 풀기** : [그림] 탭-[그룹]-[개체 묶기]/[개체 풀기]([Ctrl]+[G]/[Ctrl]+[U])

## 1 글상자 삽입하고 글자 속성 지정하기

01 '**나의 미래 직업 찾기(예제).hwp**' 파일을 실행하고 글상자를 삽입하기 위해 [**입력**] 탭-[**가로 글상자(≣)**]를 클릭해요.

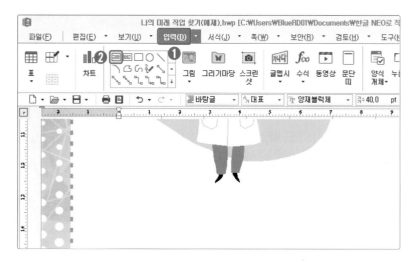

02 마우스 포인터가 '十' 모양으로 변하면 드래그하여 글상자를 삽입해요.

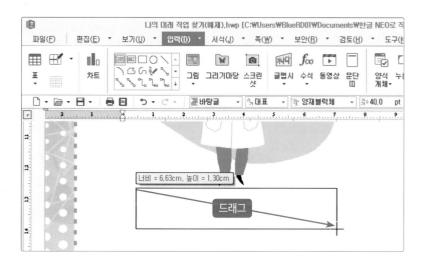

03 글상자의 속성을 설정하기 위해 삽입된 글상자를 더블 클릭해요. [개체 속성] 대화상자가 나타나면 [**선] 탭**에서 선 종류를 '**선 없음**'으로 지정하고 [설정]을 클릭해요.

**04** Esc 를 눌러 글상자 선택을 해제하고 글상자 안쪽을 클릭하여 글자를 입력한 후 글꼴과 크기, 정렬을 지정해요.

• ❹ 한컴 바겐세일 B ❺ 20pt ❻ 가운데 정렬

**05** 글상자를 Ctrl 을 누른 상태에서 드래 그하여 그림과 같이 각각의 개체 아래 배치 하고 내용을 변경해요.

💡 글꼴 크기를 지정했을 때 글상자 안의 글자가 두 줄이 된다면 글상자의 조절점을 이용해 크기를 키 워주세요.

## ❷ 개체 풀기하고 그림 추가하여 배치하기

**01** 운동선수 개체를 클릭하고 **[도형] 탭-[그룹]-[개체 풀기]**를 2번 클릭해요.

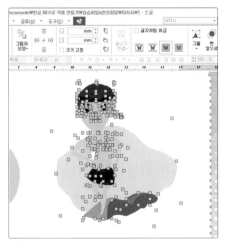

💡 개체 위에서 마우스 오른쪽 버튼을 눌러 바로 가기 메뉴에서 [개체 풀기]를 선택하거나 Ctrl + U 를 누르면 개체를 풀 수 있어요. 모든 개체가 풀어 지면 여러 개의 조각으로 이루어져 있는 것을 확인할 수 있어요.

**02** 개체가 모두 풀어지면 Esc 를 눌러 개 체 선택을 해제해요. 얼굴 부분을 구성했던 개체들을 하나씩 클릭하여 선택하고 Delete 를 눌러 삭제해요.

**03** 얼굴을 새로 만들기 위해 [입력] 탭-[그림(🖼️)]을 클릭해요. [03차시] 폴더에서 '얼굴1.png'를 선택하고 '**마우스로 크기 지정**'에 **체크**한 후 [넣기]를 클릭해요.

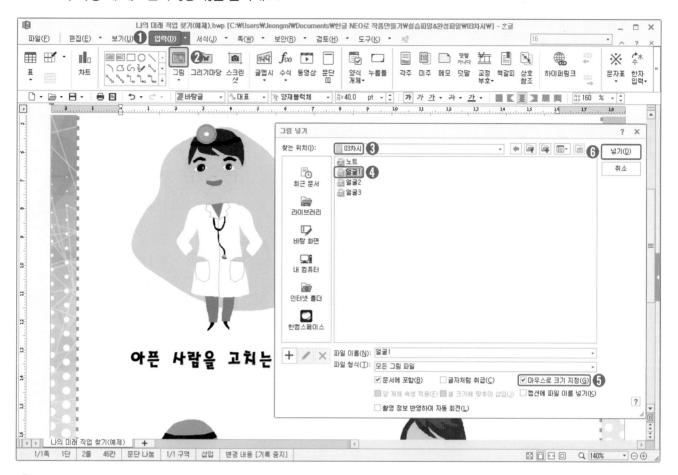

💡 '글자처럼 취급'에 체크가 되어 있으면 '마우스로 크기 지정'을 선택할 수 없으므로 해제한 후 설정해요.

**04** 마우스 포인터가 '┼' 모양으로 바뀌면 얼굴 위치에 드래그하여 그림을 삽입해요.

**05** 삽입한 얼굴이 배경 아래쪽에 있으므로 [**그림] 탭-[배치]-[글 앞으로]**를 클릭해요.

 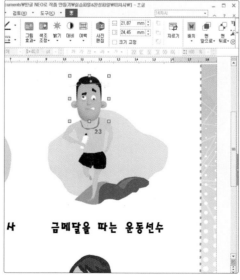

💡 '글 앞으로'를 클릭해도 삽입한 개체가 맨 앞으로 배치되지 않으면 [그림] 탭-[맨 앞으로]-[맨 앞으로]를 클릭해요.

**06** 편집한 개체를 그룹으로 설정하기 위해 **[그림] 탭-[개체 선택]**을 클릭한 후 다른 개체가 함께 선택되지 않도록 주의하면서 운동선수 개체를 드래그하여 모두 선택해요.

개체가 선택된 상태여야만 [그림] 탭이나 [도형] 탭이 표시돼요.

**07** 개체를 하나로 묶기 위해 **[도형] 탭-[그룹]-[개체 묶기]**를 클릭해요. [개체 묶기] 팝업창이 나타나면 **[실행]**을 클릭해요.

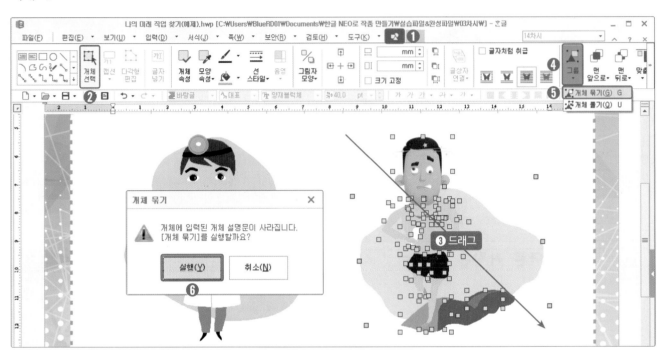

**08** 같은 방법으로 의사와 탐험가 개체의 얼굴을 삭제한 후 '**얼굴2.png**'와 '**얼굴3.png**'로 각각 변경한 후 개체 묶기를 해 문서를 완성해요.

아픈 사람을 고치는 의사

금메달을 따는 운동선수

모험을 즐기는 탐험가

학생을 가르치는 선생님

## 혼자서 뚝딱뚝딱

1 그리기마당을 이용하여 남자와 여자의 옷을 스타일링하고 각각 개체 묶기를 실행해 보세요.

• **실습파일** : 누가 옷을 잘 입을까(예제).hwp  • **완성파일** : 누가 옷을 잘 입을까(완성).hwp

🧭 **작성 조건**   그리기마당   [그리기 조각]-[유치원(인형놀이)]에서 개체 삽입하여 활용

2 글상자를 이용하여 작성 조건에 따라 일기장의 표지를 만들어 보세요.

• **실습파일** : 일기장(예제).hwp  • **완성파일** : 일기장(완성).hwp

학교 : 누리 초등학교
학년 : 3학년 4반
이름 : 홍길동

🧭 **작성 조건**

| 나만의 일기장 | • 가로 글상자 삽입, 선 종류 '선 없음', 색 채우기 없음<br>• 양재블럭체, 45pt, 진하게, 하양 (RGB:255,255,255) |
|---|---|
| 학교, 학년, 이름 | • 가로 글상자 삽입, 선 종류 '점선', 선 굵기 '0.3mm'<br>• 경기천년제목 Light, 20pt<br>• 제목 : 빨강(RGB:255,0,0) |
| 열람금지♥ | • 세로 글상자 삽입, 선 종류 '선 없음', 색 채우기 없음<br>• 한컴 바겐세일 M, 25pt, 노랑 (RGB:255,255,0) |

💡 '빨강(RGB:255,0,0)'과 '노랑(RGB:255,255,0)'은 [오피스] 테마에서 적용할 수 있어요.

# 04 유행어! 어디까지 알고 있니?

친구와 이야기를 하던 지훈이는 친구가 하는 말을 잘 못 알아듣겠더라고요. 요즘 유행하는 신조어라고 하는데 무슨 뜻인지 잘 몰라서 당황했어요. 친구와 함께 신조어를 찾아보고 사전으로 만들어 보려고 해요. 친구들은 얼마큼의 신조어를 알고 있는지 확인해 봐요.

**학습목표**
» 다른 문서를 현재 편집 중인 문서에 끼워넣을 수 있습니다.
» 그림 글머리표와 문단 번호를 삽입할 수 있습니다.
» 글자 모양이나 문단 모양을 복사하여 다른 글자에 적용할 수 있습니다.

• 실습파일 : 신조어 사전(예제).hwp, 신조어(텍스트).hwp  • 완성파일 : 신조어 사전(완성).hwp

**미리보기**

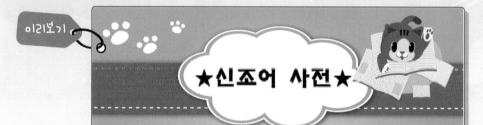

★신조어 사전★

☆ 줄임 형태의 말

1. 갑분싸 – 갑자기 분위기 싸해짐
2. 최애 – 최고로 애정하는 것
3. 순삭 – 순식간에 삭제됨
4. 남아공 – 남아서 공부나 해

☆ 글자 모양의 말

5. 롬곡 – 눈물
6. 댕댕이 – 멍멍이
7. 띵곡 – 명곡

☆ 영어 줄임 말

8. TMI – 투 머치 인포메이션(Too much information)
9. 사바사 – 사람 by 사람, 사람마다 다르다.
10. 아삽 – ASAP(As soon as possible)

**오늘 배울 기능**

➡ **문서 끼워 넣기** : [입력] 메뉴-[문서 끼워 넣기](Ctrl + O)
➡ **그림 글머리표 삽입** : [서식] 탭-[그림 글머리표]
➡ **문단 번호 삽입** : [서식] 탭-[문단 번호]
➡ **모양 복사** : [편집] 탭-[모양 복사](Alt + C)

## ](1) 문서 끼워 넣기하고 서식 설정하기

**01** '**신조어 사전(예제).hwp**' 파일을 실행하고 다른 문서를 끼워 넣기 위해 **[입력]** **메뉴-[문서 끼워 넣기]**를 클릭해요.

💡 커서가 위치한 곳에 문서가 삽입되므로 흰색 배경 안에 커서를 두고 실행해요.

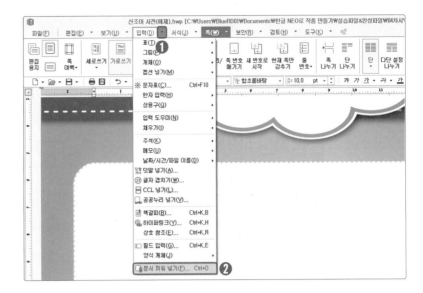

**02** [문서 끼워 넣기] 대화상자가 나타나면 **[04차시]** 폴더에서 '**신조어(텍스트).hwp**' 파일을 선택하고 [넣기]를 클릭해요.

**03** 다음과 같이 글자가 추가되면 서식 도구 상자에서 첫 번째 제목과 본문의 글꼴, 글자 크기 등을 지정해요.

· ❷ 경기천년제목 Medium ❸ 20pt ❺ 한컴 윤고딕 230 ❻ 14pt

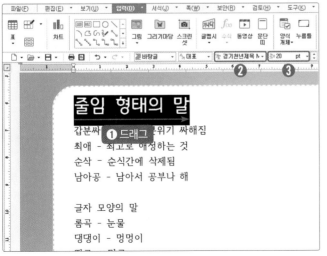

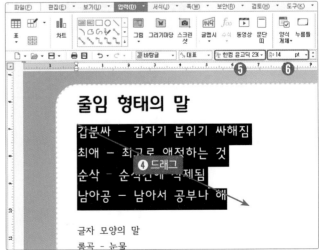

**04** 다음과 같이 블록 지정하고 [서식] 탭-[문단 모양]을 클릭해요. [문단 모양] 대화상자가 나타나면 [기본] 탭에서 왼쪽 여백과 줄 간격을 지정한 후 [설정]을 클릭해요.

- ⑤ 30pt ⑥ 180%

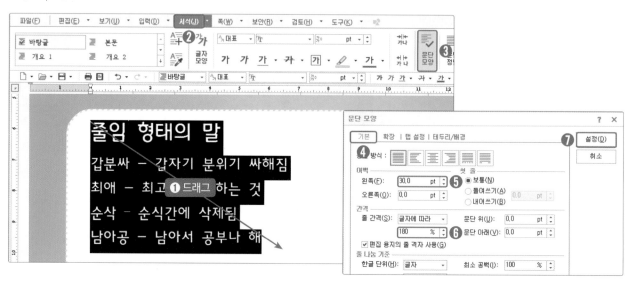

## ❷ 그림 글머리표와 문단 번호 지정하기

**01** 첫 번째 줄을 블록 지정하고 [서식] 탭-[그림 글머리표]-[그림 글머리표 모양]을 클릭해요.

**02** [문단 번호/글머리표] 대화상자가 나타나면 [그림 글머리표] 탭에서 별 모양의 그림 글머리표를 선택하고 [설정]을 클릭해요.

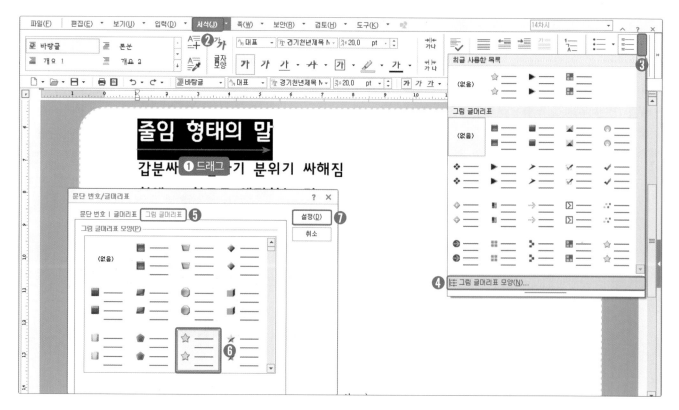

**03** 이번엔 두 번째 줄~다섯 번째 줄까지 블록 지정한 후 **[서식] 탭-[문단 번호(**≡**)]**를 클릭하여 문단 번호가 입력된 것을 확인해요.

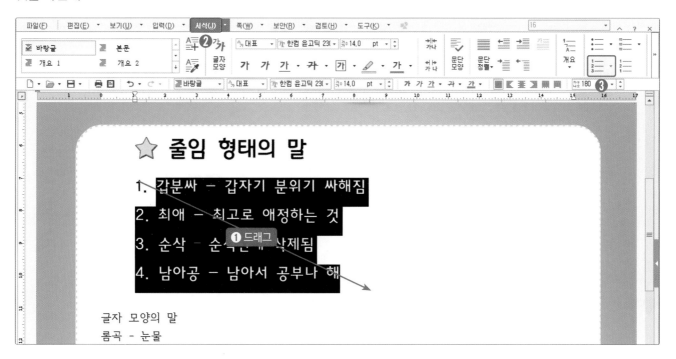

### ③ 모양 복사로 서식 복사하기

**01** 커서를 첫 번째 줄에 놓고 **[편집] 탭-[모양 복사]**를 클릭해요.

**02** **[모양 복사]** 대화상자가 나타나면 본문 모양 복사를 '**글자 모양과 문단 모양 둘 다 복사**'를 선택하고 **[복사]**를 클릭해요.

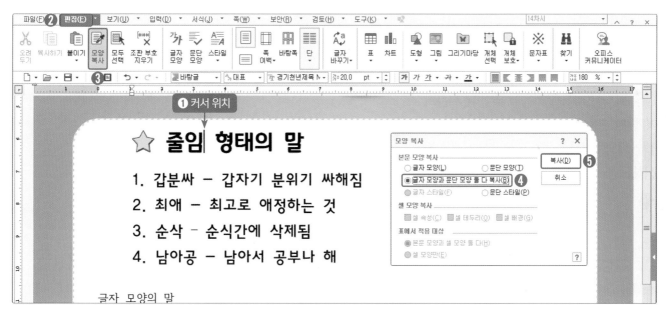

💡 커서가 첫 번째 줄의 어느 위치에 있어도 상관없지만 글자를 블록 지정하지 않도록 주의해요.

**03** 복사한 서식을 적용할 두 번째 제목을 다음과 같이 블록 지정하고 **[편집] 탭-[모양 복사]**를 클릭해요.

**04** 같은 방법으로 세 번째 본문 제목도 블록 지정한 후 **[편집] 탭-[모양 복사]**를 클릭해요.

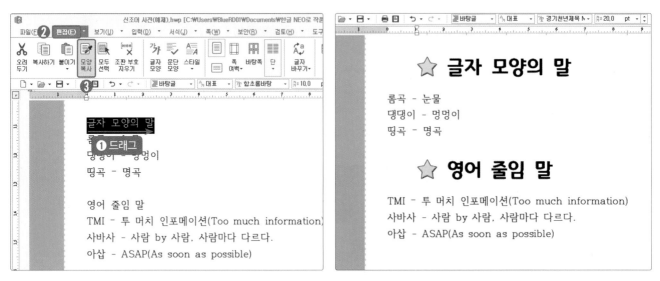

💡 복사한 모양을 적용할 글자는 반드시 블록으로 지정해야 해요.

**05** 이번엔 문단 모양이 지정된 본문에 커서를 놓고 **[편집] 탭-[모양 복사]**를 클릭해요. [모양 복사] 대화상자가 나타나면 본문 모양 복사를 **'글자 모양과 문단 모양 둘 다 복사'**를 선택하고 **[복사]**를 클릭해요.

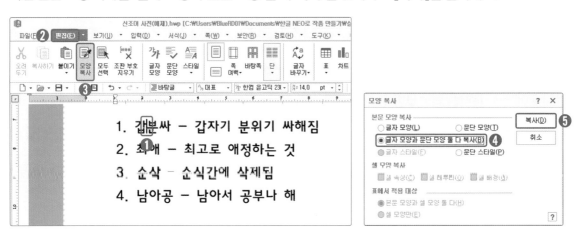

**06** 복사한 서식을 적용할 두 번째 본문과 세 번째 본문을 각각 블록 지정하고 **[편집] 탭-[모양 복사]**를 클릭해 복사한 서식을 적용해요.

💡 모양 복사는 가장 마지막에 복사했던 서식만 적용되고, 반복하여 사용할 수 있어요.

**07** 완성된 사전이 문서의 가운데 위치하도록 설정하기 위해 [Ctrl]+[Page Up]을 눌러 커서를 문서의 상단에 놓은 후 [Enter]를 두 번 눌러 문서를 완성해요.

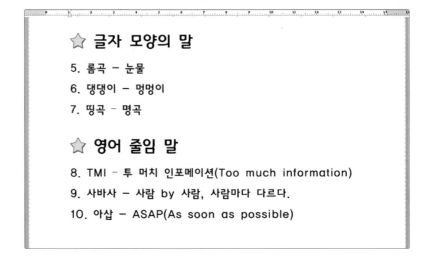

**1** 문서 끼워 넣기와 모양 복사를 이용하여 다음과 같이 문서를 완성해 보세요.

· **실습파일** : 마을조사보고서(예제).hwp, 흥인지문.hwp, 흥인지문.jpg · **완성파일** : 마을조사보고서(완성).hwp

제목 : 글꼴 '양재와당체M',
글자 크기 '38pt',
글자 색 '초록(RGB:40,155,100),
50% 어둡게', 가운데 정렬

본문 : 글꼴 '경기천년제목 Light',
글자 크기 '13pt', 줄 간격 '180%'

본문 제목 : 글꼴 'HY크리스탈M',
글자 크기 '28pt', 진하게, 밑줄,
강조점, 가운데 정렬

## 흥인지문

서울 8문 중의 하나로 동쪽에 있으며 원래의 이름은 흥인지문이다. 하지만 일반적으로 <u>동대문</u>이라고 부른다. 숭례문 과 함께 한양도성을 대표하는 건축물이 며, 2008년 숭례문이 불타면서 사대문

중 유일하게 조선시대에 지어진 그대로 남아있는 문이 되었다. <u>흥인지문</u> 은 조선 태조 5년(1396)에 처음 지어졌으며, 이후 단종 1년(1453)과 고종 6 년(1869)에 고쳐지어져서 현재의 모습으로 이어져 내려오고 있다. 1963년 1 월 21일 보물 제1호로 지정되었다.

· **본문 강조** : 글자 크기 '18pt', 밑줄, 강조점
· 서식 복사 기능 이용

# 05 특별한 기억을 담은 사진 앨범 만들기

사진을 정리하던 시율이는 좀 더 특별하게 사진 앨범을 만들어 보고 싶었어요. 사진에 다양한 효과도 주고, 컬러 사진을 흑백으로도 만들어 나만의 앨범을 만들어 보기로 했어요. 한글 프로그램을 활용해 내가 직접 만들어서 더 특별한 사진 앨범을 만들어 볼까요?

**학습목표**
» 편집 용지와 여백을 설정할 수 있습니다.
» 그림을 원하는 크기로 자르거나 회전시킬 수 있습니다.
» 그림에 다양한 효과를 적용할 수 있습니다.

• **실습파일** : 이미지 파일(사진 앨범_배경, 사진1~사진4) • **완성파일** : 사진 앨범(완성).hwp

**미리보기**

 **오늘 배울 기능**

➜ **그림 회전** : [그림] 탭-[회전]-[개체 회전]

➜ **그림 자르기** : 그림 선택 후 Shift+조절점 드래그 또는 [그림] 탭-[자르기]

➜ **그림 효과 적용** : [그림] 탭-[그림 효과]에서 [그림자]/[반사]/[네온]/[옅은 테두리]

➜ **그림 색조 적용** : [그림] 탭-[색조 조정]에서 [회색조]/[흑백]/[워터마크]

# 1 용지 크기 지정하고 제목 입력하기

**01** 한글 2016을 실행하고 용지 크기를 지정하기 위해 **[쪽] 탭-[편집 용지]**를 클릭해요. [편집 용지] 대화상자가 나타나면 **[기본] 탭**에서 용지 크기와 여백을 다음과 같이 지정한 후 [설정]을 클릭해요.

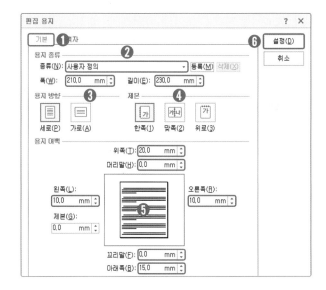

- ❷ 사용자 정의 ❸ 210mm ❹ 230mm ❺ 위쪽 '20mm', 아래쪽 '15mm', 왼쪽 '10mm', 오른쪽 '10mm', 머리말 '0mm', 꼬리말 '0mm'

**02** 문서의 첫 번째 줄에 제목(**추억 담은 사진 앨범**)을 입력하고, 제목을 블록 지정한 후 **[서식] 탭-[글자 모양]**을 클릭해요.

**03** [글자 모양] 대화상자가 나타나면 **[기본] 탭**과 **[확장] 탭**에서 글자 크기, 글꼴, 그림자, 글자 색, 그림자 색 등을 지정하고 [설정]을 클릭해요.

- ❷ 40pt ❸ 양재블럭체 ❹ 그림자 ❺ 남색(RGB:58,60,132) ❼ 연속 ❽ 남색(RGB:58,60,132) 80% 밝게

**04** 글자 모양이 설정된 것을 확인하고 서식 도구 상자에서 **'가운데 정렬(▤)'**을 설정한 후 [Esc]를 눌러 블록을 해제해요.

**01** Enter를 눌러 다음 줄로 이동해요. 배경 그림을 삽입하기 위해 **[입력] 탭-[그림(■)]**을 클릭하고, **[05차시]** 폴더에서 '**사진 앨범_배경.png**' 파일을 선택한 후 '**글자처럼 취급**'에 **체크**한 다음 [넣기]를 클릭해요.

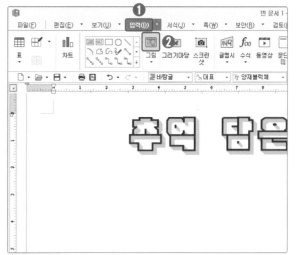

**02** 배경 그림이 삽입된 것을 확인하고 같은 방법으로 **[입력] 탭-[그림]**을 클릭해요. **[05차시]** 폴더에서 '**사진1.jpg**' 파일을 선택하고 '**글자처럼 취급**'에 **체크 해제**한 후 '**마우스로 크기 지정**'에 **체크**한 다음 [넣기]를 클릭해요.

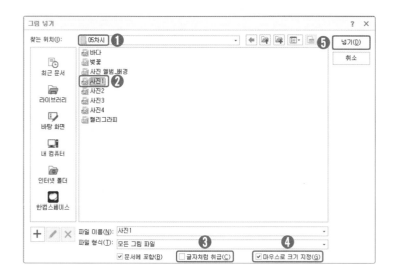

**03** 마우스 포인터가 '＋' 모양으로 바뀌면 드래그하여 그림을 삽입하고 **[그림] 탭-[배치]-[글 앞으로]**를 클릭해요.

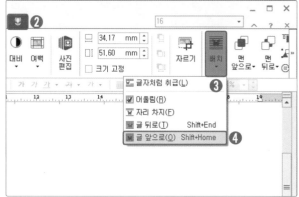

💡 그림의 배치가 '자리 차지'로 설정되어 있어 배경 그림이 2페이지로 이동하므로 설정을 변경해주어야 해요.

## ③ 그림 회전하고 자르기

**01** 그림을 흰색 배경에 맞도록 회전하기 위해 [그림] 탭-[회전]-[개체 회전]을 클릭해요.

💡 그림이 선택된 상태여야 [그림] 탭을 클릭할 수 있어요.

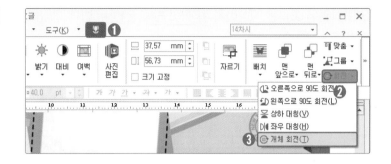

**02** 그림 테두리에 연두색 조절점이 나타나면 마우스 포인터를 가져가 포인터의 모양이 바뀌면 왼쪽으로 드래그하여 기울기를 배경에 맞춰주세요. 회전이 완료되면 Esc를 눌러 선택을 해제해요.

💡 연두색 조절점에 마우스 포인터를 가져가면 '⊙' 모양으로 바뀌어요.

**03** 다시 그림을 선택하고 흰색 배경에 맞춰 조절점을 드래그하여 너비를 조절한 후 배치해요. 그림을 자르기 위해 Shift+아래 조절점을 위쪽으로 드래그해요.

💡 Shift를 누른 상태에서 조절점에 마우스 포인터를 가져가면 'T' 모양으로 바뀌어요.

**04** 같은 방법으로 '사진2~사진4.jpg' 그림 파일을 삽입하고 다음과 같이 배치해요.

💡 그림을 먼저 회전하고, 가로나 세로의 크기를 맞춘 후 자르면 쉽게 만들 수 있어요. 그림을 너무 많이 잘랐다면 다시 Shift를 누른 상태에서 조절하면 돼요.

## 나 그림에 효과 지정하기

**01** 그림에 효과를 지정하기 위해 첫 번째 줄의 두 번째 그림을 선택하고 **[그림] 탭-[그림 효과]-[반사]-[1/3 크기, 근접]**을 클릭해요.

**02** 두 번째 줄 첫 번째 그림을 선택하고 **[그림] 탭 [그림 효과] [옅은 테두리]-[3pt]**를 클릭해요.

**03** 두 번째 줄의 두 번째 그림을 선택하고 **[그림] 탭-[색조 조정]-[회색조]**를 선택해요.

**04** **[파일] 메뉴-[저장하기]**를 클릭하여 파일 이름에 **"사진 앨범"**을 입력하고 **[저장]**을 클릭해요.

32

**1** 그림 효과를 이용하여 다음과 같이 문서를 완성해 보세요.

• 실습파일 : 캘리그라피(예제).hwp, 이미지 파일(바다, 벚꽃, 캘리그라피)　• 완성파일 : 캘리그라피(완성).hwp

그림 삽입
• 벚꽃.png
• [그림 효과]–[옅은 테두리]–[10pt]

그림 삽입
• 캘리그라피.png
• [배치]–[글 앞으로]
• [그림 효과]–[그림자]–[대각선 오른쪽 아래]

▲ 1쪽

▲ 2쪽

그림 삽입
• 바다.jpg
• 필요한 부분만 남기고 자르기
• [색조 조정]–[회색조]

가로 글상자 삽입 후 글자 입력
글꼴 '전주 완판본 각B', 글자 크기 '20pt', 양각, 글자 색 '연한 노랑(RGB:250,243,219)', 오른쪽 정렬

# 06 저를 뽑아주세요! 선거 공약 포스터 만들기

전교 회장 선거에 나가기로 한 지윤이는 자신을 도와줄 친구와 함께 선거 공약 포스터를 만들기로
했어요. 어떻게 만들어야 친구들의 마음을 사로잡을 수 있을까요? 눈에 확 띄는 포스터를 만들기
위해 글맵시와 그리기마당을 이용해 볼게요. 아! 지킬 수 있는 선거 공약이 제일 중요하다는 점 잊
지 마세요!

**학습목표**
» 쪽 배경에 배경색을 지정할 수 있습니다.
» 글맵시를 이용해 다양한 모양으로 글자를 만들 수 있습니다.
» 그리기마당에서 파일을 검색한 후 그리기 조각을 삽입할 수 있습니다.

· **실습파일** : 선거포스터(예제).hwp, 이미지 파일(기호2, 와이파이)  · **완성파일** : 선거포스터(완성).hwp

**미리보기**

① 급식 메뉴 정하기

② 화장실에 손세정제 설치하기

③ 교실마다 와이파이 설치

④ 시원하고 따뜻한 교실

**오늘 배울 기능**

➤ **쪽 배경 지정** : [쪽] 탭-[쪽 테두리/배경]

➤ **글맵시 삽입** : [입력] 탭-[글맵시]

➤ **그리기마당에서 검색** : [입력] 탭-[그리기마당]-[찾을 파일] 입력

## 1 쪽 배경 지정하고 글맵시 추가하기

**01** '선거포스터(예제).hwp' 파일을 실행하고 쪽 배경을 지정하기 위해 **[쪽]탭-[쪽 테두리/배경]**을 클릭해요.

**02** [쪽 테두리/배경] 대화상자가 나타나면 **[배경] 탭**에서 채우기의 **'색'**을 선택하여 면 색을 지정한 후 [설정]을 클릭해요.

· **④** 검정(RGB:0,0,0)

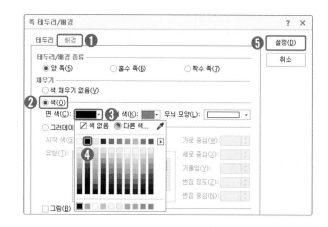

**03** 글맵시를 삽입하기 위해 **[입력] 탭-[글맵시( )]**를 클릭해요. [글맵시 만들기] 대화상자가 나타나면 내용을 입력하고 글꼴과 글맵시 모양을 지정한 후 [설정]을 클릭해요.

· **④** 경기천년제목V Bold **⑤** 위쪽 원호

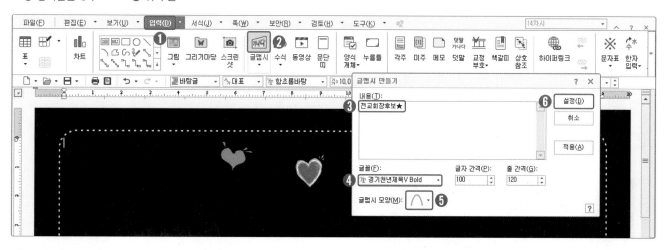

🔆 '★'은 'ㅁ'을 입력하고 한자를 눌러 [특수 문자로 바꾸기] 대화상자가 나타나면 선택하여 삽입할 수 있어요.

**04** 삽입된 글맵시를 더블 클릭하여 [개체 속성] 대화상자가 나타나면 **[채우기] 탭**에서 채우기의 **'색'**을 선택하고 면 색을 지정한 후 [설정]을 클릭해요.

· **③** 하양(RGB:255,255,255)

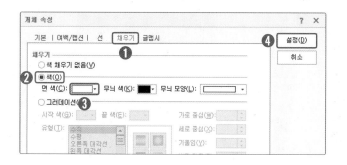

**05** 글맵시의 조절점을 드래그하여 크기를 조절하고 그림과 같이 배치해요.

**06** 같은 방법으로 **[입력] 탭-[글맵시]**를 클릭해요. [글맵시 만들기] 대화상자가 나타나면 내용을 입력하고 글꼴과 글맵시 모양을 지정한 후 [설정]을 클릭해요.

· ❷ 휴먼굵은샘체 ❸ 직사각형

**07** 삽입된 글맵시를 더블 클릭하여 [개체 속성] 대화상자가 나타나면 **[기본] 탭, [채우기] 탭, [글맵시] 탭**에서 본문과의 배치, 채우기의 면 색, 그림자를 지정하고 [설정]을 클릭해요.

· ❶ 글 앞으로 ❷ 빨강(RGB:255,0,0) ❸ 비연속
  ❹ 1% ❺ 1%

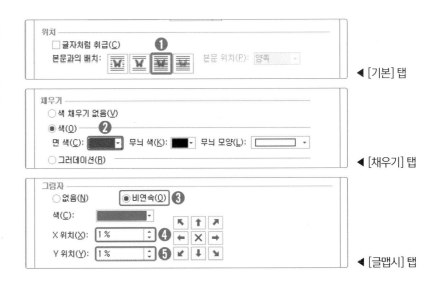

◀ [기본] 탭

◀ [채우기] 탭

◀ [글맵시] 탭

**08** 글맵시의 조절점을 이용하여 크기를 키우고 그림과 같이 원 안에 배치해 주세요.

## 2 글상자로 글자 삽입하기

**01** **[입력] 탭-[가로 글상자(▦)]**를 클릭하고 다음과 같이 화면에 드래그하여 이름과 선거 공약을 입력한 후 글꼴, 글자 크기, 글자 색, 줄 간격을 설정해요.

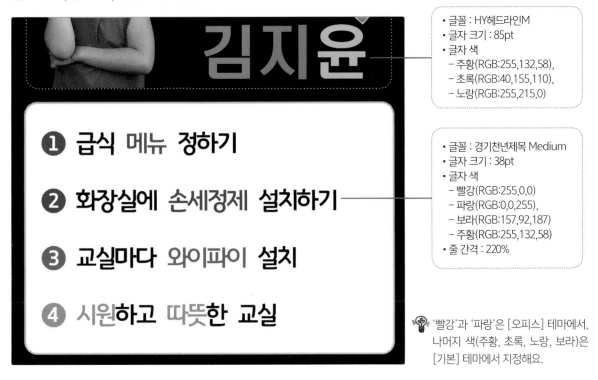

- 글꼴 : HY헤드라인M
- 글자 크기 : 85pt
- 글자 색
  - 주황(RGB:255,132,58),
  - 초록(RGB:40,155,110),
  - 노랑(RGB:255,215,0)

- 글꼴 : 경기천년제목 Medium
- 글자 크기 : 38pt
- 글자 색
  - 빨강(RGB:255,0,0)
  - 파랑(RGB:0,0,255),
  - 보라(RGB:157,92,187)
  - 주황(RGB:255,132,58)
- 줄 간격 : 220%

💡 '빨강'과 '파랑'은 [오피스] 테마에서, 나머지 색(주황, 초록, 노랑, 보라)은 [기본] 테마에서 지정해요.

**02** 선거 공약에 강조점을 지정하기 위해 **'메뉴'** 글자를 블록 지정하고 [Alt]+[L]을 눌러요. [글자 모양] 대화상자가 나타나면 **[확장] 탭**에서 강조점을 지정하고 [설정]을 클릭해요.

**03** 같은 방법으로 두 번째와 네 번째에도 강조점을 지정해요.

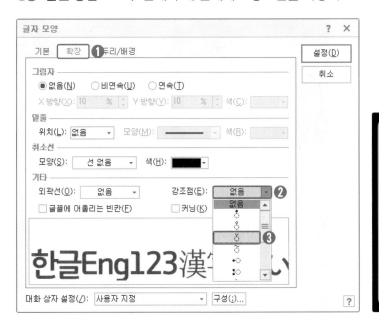

01 [입력] 탭-[그리기마당]을 클릭하여 [그리기마당] 대화상자가 나타나면 '찾을 파일'에 "음식"을 입력하고 [찾기]를 클릭해요.

02 [찾기 결과] 탭에 나타난 음식 중에 '딤섬'을 선택하여 본문에 삽입해요.

💡 다른 그리기 조각을 추가로 삽입하기 위해 [넣기]를 클릭하지 않고 문서에 드래그해요.

03 같은 방법으로 "비누", "인터넷", "선풍기"로 검색해 다음과 같이 그리기 조각을 삽입해요.

💡 "인터넷"으로 검색한 '아이북' 그리기 조각은 [도형] 탭-[회전]-[좌우 대칭]을 클릭하여 배치해요.

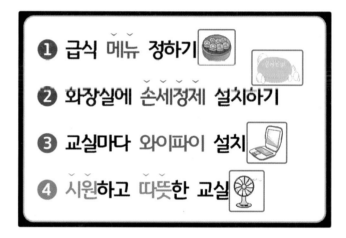

04 [입력] 탭-[그림(🖼)]을 클릭해 [그림 삽입] 대화상자가 나타나면 '기호2.png'와 '와이파이.png'를 선택하고 [넣기]를 클릭해요.

05 그림이 삽입되면 그림을 선택하고 [그림] 탭-[배치]-[글 앞으로]를 선택한 후, 크기를 조절한 다음 그림과 같이 배치해요.

💡 '와이파이.png'는 [도형] 탭-[회전]-[개체 회전]을 클릭하여 배치해요.

**1** 새 문서에서 그리기마당과 글맵시를 이용하여 다음과 같이 선거 피켓을 만들어 보세요.

· **실습파일** : 없음 · **완성파일** : 선거포스터-1(완성).hwp

그리기마당 : '손' 검색-손5, 개체 풀기 후 배경 삭제

글맵시
· 내용 : 기          호
· 글꼴 : HY수평선B
· 스타일 : 채우기 – 하늘색 그러데이션, 갈매기형 수장 모양

글맵시
· 내용 : 뽑아주세요!
· 글꼴 : 한컴 소망 B
· 스타일 : 채우기-자주색 그러데이션, 회색 그림자, 직사각형 모양

그리기마당 : '구름' 검색-구름1

**2** 새 문서에서 그리기마당과 글맵시, 그림을 이용하여 다음과 같이 선거 피켓을 만들어 보세요.

· **실습파일** : 이미지 파일(나폴레옹 모자, 나폴레옹 몸통, 선거사진) · **완성파일** : 선거포스터-2(완성).hwp

글맵시
· 내용 : 기호1번
· 글꼴 : HY견고딕
· 모양 : 위로 넓은 원통
· 채우기 색 : 초록(RGB:40,155,110)

그리기마당 : '하트' 검색-사랑18, 사랑20

그림
· 선거사진.png, 나폴레옹 모자.png, 나폴레옹 몸통.png
· 선거사진 그림을 먼저 삽입 후 그림 자르기

그리기마당 : '구름' 검색-구름1

글맵시
· 내용 : 나뽑을래용?
· 글꼴 : HY견고딕
· 모양 : 아래로 넓은 원통
· 채우기 색 : 남색(RGB:58,60,132)
· 선 색 : 실선, 0.2mm, 하양(RGB:255,255,255)

# 07 방학 생활 계획표를 완성하라!

기다리고 기다리던 방학이 시작되었어요. 서언이는 아무런 계획 없이 시간을 보냈던 지난 방학을 반성하며, 이번에는 계획성 있는 방학을 보내기 위해 생활 계획표를 만들어 책상에 붙여 놓기로 했어요. 도형과 그림을 활용하여 서언이만의 특별한 방학 생활 계획표를 만들어 볼까요?

**학습목표**
» 다양한 도형을 삽입하고 속성을 변경할 수 있습니다.
» 개체를 원하는 방향을 기준으로 맞춤할 수 있습니다.
» 캡션을 삽입하는 방법을 알고 캡션의 위치를 지정할 수 있습니다.

• 실습파일 : 방학생활계획표(예제).hwp, 이미지 파일(계획표1~계획표7, 해바라기) • 완성파일 : 방학생활계획표(완성).hwp

 미리보기

오늘 배울 기능

➡ **개체 정렬** : [도형] 탭-[맞춤]

➡ **개체 배치** : [도형] 탭-[배치]-[글 앞으로]([Shift]+[Home])

➡ **캡션 삽입** : [그림] 탭-[캡션]([Ctrl]+[N], [C])

## 1 배경 그림 삽입하기

**01** '**방학생활계획표(예제).hwp**' 파일을 실행하고 배경 그림을 삽입하기 위해 **[입력]** 탭-**[그림]**을 클릭해요. [그림 넣기] 대화상자가 나타나면 **[07차시]** 폴더에서 '**해바라기.png**' 파일을 선택하고 '**마우스로 크기 지정**'에 **체크**한 후 [넣기]를 클릭해요.

**02** 마우스 포인터가 '**十**' 모양으로 바뀌면 드래그하여 문서에 가득 차도록 그림을 삽입해요. 그림이 삽입되면 **[그림]** 탭-**[배치]**-**[글 뒤로]**를 선택해요.

## 2 도형 삽입하고 배치하기

**01** 타원 도형을 삽입하기 위해 **[입력]** 탭-**[타원(○)]**을 선택하고 '**十**' 모양으로 바뀌면 Shift+드래그하여 해바라기 그림의 흰색 배경에 맞도록 원을 그려주세요.

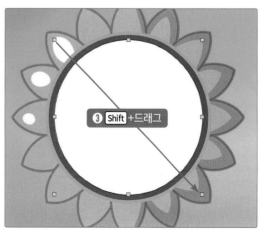

Shift를 누른 상태에서 드래그하면 정원을 그릴 수 있어요.

**02** 타원을 더블 클릭하여 [개체 속성] 대화상자가 나타나면 **[선] 탭**과 **[채우기] 탭**에서 선 종류와 채우기의 면 색을 지정하고 [설정]을 클릭해요.

- ❷ 선 없음 ❻ 하양(RGB:255,255,255) 5% 어둡게

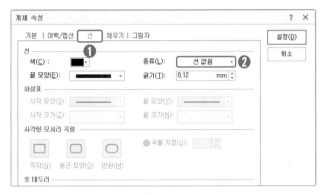

**03** 타원 도형이 선택된 상태에서 Ctrl+드래그하여 복사한 후 더블 클릭하여 **[기본] 탭**과 **[채우기] 탭**에서 크기와 면 색을 지정해요.

- ❷ 10mm ❸ 10mm ❼ 노랑(RGB:255,215,0) 10% 어둡게

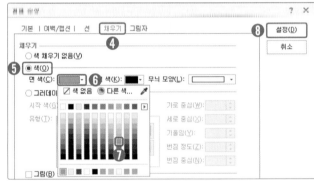

**04** 두 개의 타원 도형의 중심점을 맞추기 위해 두 개의 도형을 Shift+클릭으로 선택한 후 **[도형] 탭-[맞춤]**에서 **[가운데 맞춤]**과 **[중간 맞춤]**을 한 번씩 클릭해요.

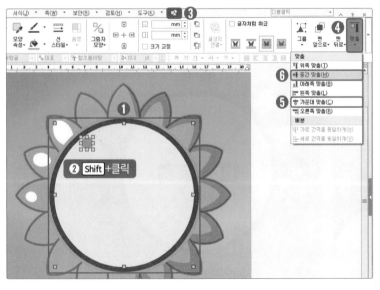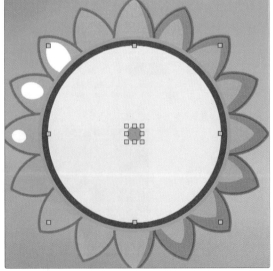

**05** [입력] 탭-[가로 글상자(▤)]를 선택하고 드래그하여 글상자를 삽입해요. 글상자 안에 글자를 입력하고 서식 도구 상자에서 글꼴, 글자 크기, 진하게를 설정해요.

- 글꼴 'HY견고딕', 글자 크기 '14pt', 진하게

**06** 글상자를 복사하여 그림과 같이 배치하고 내용을 변경해요.

💡 Ctrl + Shift +드래그하면 수평, 수직으로 이동하면서 복사할 수 있어요.

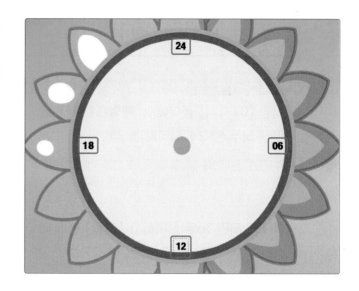

**07** [입력] 탭-[직선(＼)]을 선택하고 마우스 포인터가 '＋' 모양으로 바뀌면 드래그하여 그림과 같이 직선을 추가해요. 직선이 선택된 상태에서 [도형] 탭-[선 스타일]-[선 종류]-[점선]을 선택해요.

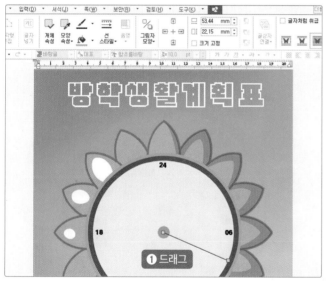

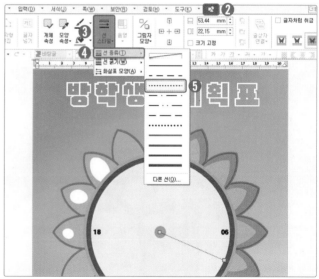

**08** 점선으로 변경된 직선을 Ctrl +드래그하여 복사하고 다음과 같이 방향을 변경한 후 배치해요.

**09** 가운데 작은 타원 도형을 선택하고 [도형] 탭-[맨 앞으로]-[맨 앞으로]를 클릭합니다.

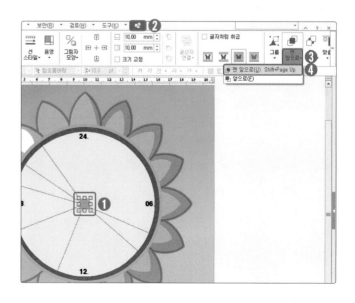

**01** [입력] 탭-[그림]을 클릭해요. [그림 넣기] 대화상자가 나타나면 [07차시] 폴더에서 '계획표1~계획표7.png' 파일을 모두 선택하고 [넣기]를 클릭해요.

여러 개의 파일을 한꺼번에 삽입할 때에는 첫 번째 파일을 클릭하고 Shift를 누른 상태에서 마지막 파일을 선택하면 돼요.

**02** 그림이 삽입되면 모두 선택하고 [그림] 탭-[배치]-[글 앞으로]를 선택한 후 그림과 같이 크기를 조절하여 배치해요.

그림이 겹쳐져 한꺼번에 선택하기 어렵다면 하나씩 선택하여 작업하세요.

**03** 그림에 캡션을 삽입하기 위해 그림을 선택하고 [그림] 탭-[캡션]-[아래]를 클릭해요. 기본 캡션이 삽입되면 글자를 지우고 내용을 입력한 후 서식 도구 상자에서 글꼴(HY견고딕)을 지정해요.

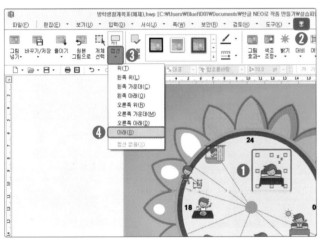

**04** 같은 방법으로 나머지 그림에도 차례로 캡션을 삽입하고 글자에 서식을 지정해요.

캡션의 위치는 그림에 따라 '위, 아래, 오른쪽 가운데, 오른쪽 아래'로 다르게 지정해요.

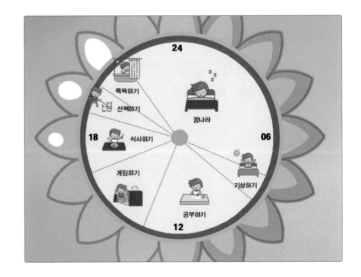

**1** 도형을 이용하여 작성 조건에 따라 곰 모양의 일정표를 만들어 보세요.

• **실습파일** : 일정표(예제).hwp      • **완성파일** : 일정표(완성).hwp

 **작성 조건**

| | |
|---|---|
| 얼굴 | • 타원 1 : 채우기 색 '하양(RGB:255,255,255)', 선 종류 '실선', 굵기 '3mm', 선 색 '남색 (RGB:58,60,132)'<br>• 타원 2 : 채우기 색 '하양(RGB:255,255,255)', 선 종류 '점선', 굵기 '2mm', 선 색 '남색 (RGB:58,60,132)' |
| 숫자 | 가로 글상자 사용, 양재소슬체S, 23pt, 진하게, 가운데 정렬 |
| 귀 | • 타원 1 : 채우기 색 '남색(RGB:58,60,132)', 선 종류 '선 없음'<br>• 타원 2 : 채우기 색 '노랑(RGB:255,255,0)', 선 종류 '선 없음' |
| 눈, 코 | • 타원(채우기 색 '그러데이션'-시작 색 '하양', 끝 색 '검정', 유형 '가운데에서, 원형', 선 종류 '선 없음')<br>• 직선(채우기 색 '검정(RGB:0,0,0) 40% 밝게', 선 굵기 '1.5mm') |
| 볼 | 타원(채우기 색 '주황(RGB:255,132,58)', 선 종류 ' 선 없음') |

# 08 참 잘했어요! 칭찬 스티커

시율이는 칭찬 스티커를 만들어서 엄마, 아빠께 보여 드리려고 해요. 착한 일을 할 때마다 스티커를 하나씩 붙여서 모두 붙이면 엄마, 아빠가 시율이의 소원 하나를 들어주는 거예요. 풍선 모양으로 스티커를 만들어서 인쇄한 다음 현관문에 붙여놔 볼까요?

**학습목표**
» 도형을 삽입하고 회전 기능을 사용할 수 있습니다.
» 도형에 글자를 입력할 수 있습니다.
» 한꺼번에 도형의 속성을 변경할 수 있습니다.
» 도형을 그림으로 채울 수 있습니다.

· 실습파일 : 칭찬스티커(예제).hwp, 이미지 파일(도장1~도장4)　· 완성파일 : 칭찬스티커(완성).hwp

**미리보기**

**오늘배울기능**

➤ **도형 회전** : [도형] 탭-[회전]-[개체 회전]

➤ **도형에 글자 입력** : 도형 선택 후 마우스 오른쪽 버튼-[도형 안에 글자 넣기]

➤ **그림으로 도형 채우기** : 도형 선택 후 [개체 속성] 대화상자-[채우기] 탭-[그림]

# 1 배경 도형 삽입하고 속성 설정하기

**01** '**칭찬스티커(예제).hwp**' 파일을 실행하고 도형을 삽입하기 위해 [입력] 탭-[타원(○)]을 선택하고 드래그하여 삽입해요.

💡 풍선 모양을 만들어야 하므로 세로로 긴 타원 형태로 그려요.

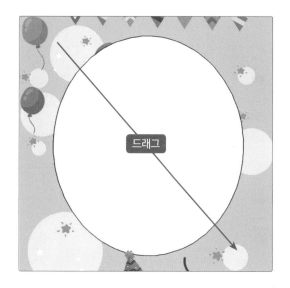

**02** 도형을 더블 클릭하여 [개체 속성] 대화상자가 나타나면 [선] 탭에서 선 종류를 '**선 없음**'으로 지정하고 [설정]을 클릭해요.

**03** 도형을 살짝 기울이기 위해 도형을 선택하고 [도형] 탭-[회전]-[개체 회전]을 선택해요. 연두색 조절점이 생기면 드래그하여 비스듬하게 만들어요.

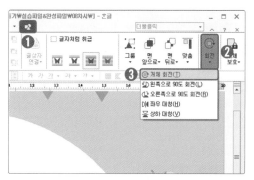

**04** 삼각형 도형을 삽입하기 위해 [입력] 탭-[그리기마당]을 클릭해요. [그리기마당] 대화상자가 나타나면 [그리기 조각] 탭-[기본도형]에서 '**이등변 삼각형**'을 선택하고 [넣기]를 클릭한 후 타원 도형 아래쪽에 드래그하여 삽입해요.

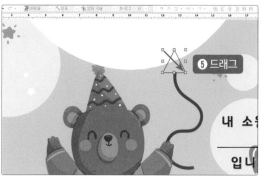

**05** 타원 도형과 같은 방법으로 [개체 속성] 대화상자의 **[선] 탭**, **[채우기] 탭**에서 선 종류와 면 색을 지정하고 **[도형] 탭-[회전]-[개체 회전]**을 선택한 후 회전해 그림과 같이 배치해요.

• ❷ 선 없음 ❺ 하양(RGB:255,255,255)

 **2  도형 삽입하고 도형 안에 글자 넣기**

**01** **[입력] 탭-[타원(○)]**을 선택하고 풍선 도형 안에 드래그하여 삽입해요. 도형을 더블 클릭하여 **[기본] 탭**, **[선] 탭**에서 크기와 선 종류, 선 굵기를 지정하고 [설정]을 클릭해요.

• ❷ 23mm ❸ 23mm ❺ 하늘색(RGB:97,130,214) ❻ 점선

**02** 타원 안에 숫자를 입력하기 위해 도형을 선택하고 마우스 오른쪽 버튼을 눌러 바로 가기 메뉴에서 **[도형 안에 글자 넣기]**를 클릭해요.

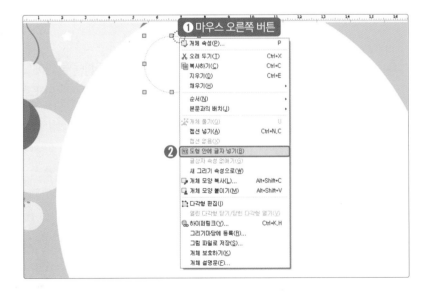

**03** 숫자를 입력하고 블록 지정 후 서식 도구 상자에서 글꼴, 글자 크기, 글자 색, 정렬을 설정해요.

- ❷ HY헤드라인M ❸ 23pt ❹ 검정(RGB:0,0,0) 80% 밝게 ❺ 가운데 정렬

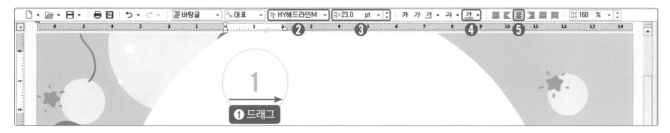

**04** 타원 도형을 Ctrl+드래그를 이용하여 그림과 같이 복사한 후 도형 안의 글자를 순서대로 변경해요.

💡 수평으로 복사할 때에는 Ctrl+Shift+드래그를 이용해요.

**05** 각 줄의 짝수 번째 도형을 Shift를 이용하여 선택하고 P를 눌러요. [개체 속성] 대화상자가 나타나면 **[선] 탭**에서 선 색을 '**주황(RGB:255,132,58) 10% 어둡게**'로 지정하고 [설정]을 클릭해요.

**01** 글자가 입력된 타원 도형을 Ctrl+드래그하여 풍선의 왼쪽에 일렬로 복사하고 글자를 지워요.

💡 하늘색 테두리 도형과 주황색 테두리 도형을 번갈아 배치해요.

**02** 첫 번째 도형을 선택하여 더블 클릭하고 [개체 속성] 대화상자가 나타나면 **[채우기] 탭**에서 '**그림**'에 **체크**하고 '**그림 선택( )**' 아이콘을 클릭해요.

**03** [그림 넣기] 대화상자가 나타나면 **[08차시] 폴더**에서 '**도장1.png**'를 선택하고 '**문서에 포함**'을 지정한 후 [넣기]를 클릭해요. 다시 [개체 속성] 대화상자에서 채우기 유형을 '**크기에 맞추어**'로 지정하고 [설정]을 클릭해요.

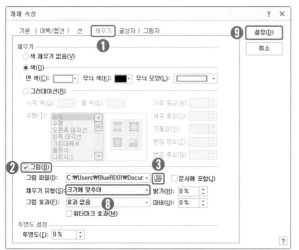

**04** 같은 방법으로 나머지 타원 도형에도 차례로 '도장2, 도장3, 도장4.png' 그림으로 채워요.

# 혼자서 뚝딱뚝딱

① 도형을 이용하여 다음과 같이 숫자 영어 카드를 만들어 보세요.

· **실습파일** : 숫자영어카드(예제).hwp, 이미지 파일(01~09)    · **완성파일** : 숫자영어카드(완성).hwp

## 숫자 영어 카드

**직사각형 삽입**
• 너비 '50mm', 높이 '72mm'
• 선 : 실선, 2.0mm, 선 색은 자유롭게 지정
• 그림자 : 오른쪽 아래

**직사각형 삽입**
• 선 없음, 색 채우기 없음
• 도형 안에 글자 넣기
• 글꼴 '경기천년바탕 Regular', 글자 크기 '13pt', 오른쪽 정렬

**직사각형 삽입**
• 선 없음, 색 채우기 없음
• 도형 안에 글자 넣기
• 글꼴 '경기천년제목 Bold', 글자 크기 '24pt', 가운데 정렬

**직사각형 삽입**
• 너비 '33mm', 높이 '47mm'
• 선 없음
• 도형에 그림 채우기 (01~09.png)

💡 '숫자 1' 카드 완성한 후 전체 선택하여 Ctrl + Shift +드래그로 복사하고 수정

# 09 할로윈 파티 가면 만들기

얼마 후면 경훈이가 좋아하는 할로윈 데이가 돌아옵니다. 경훈이는 할로윈 데이에 사용할 무서운 가면을 만들어 보려고 해요. 사진을 인쇄하는 것도 좋지만 직접 그려서 만들면 더 재미있는 추억이 될 것 같았어요. 한글의 도형을 이용해 무시무시한 호박 귀신 가면을 만들어 볼까요?

**학습목표**
» 곡선 도형과 다각형 도형을 이용하여 원하는 형태의 모양을 그릴 수 있습니다.
» 다각형 편집으로 도형의 모양을 변경할 수 있습니다.
» 색 골라내기 기능으로 원하는 색을 추출할 수 있습니다.

• 실습파일 : 할로윈(예제).hwp, 이미지 파일(할로윈 가면, 할로윈 배경)  • 완성파일 : 할로윈(완성).hwp

미리보기

➤ **다각형 편집** : 도형 선택 후 [마우스 오른쪽 버튼]-[다각형 편집]

➤ **색 골라내기** : 색 관련 목록 단추-[색 골라내기]

## ] 도형으로 그릴 그림 삽입하기

**01** '**할로윈(예제).hwp**' 파일을 실행하고 그림을 삽입하기 위해 [**입력**] **탭-[그림**()]을 클릭해요. [그림 넣기] 대화상자가 나타나면 [**09차시**] 폴더에서 '**할로윈 가면.png**' 파일을 선택하고 '**마우스로 크기 지정**'에 **체크**한 후 [넣기]를 클릭해요.

**02** 마우스 포인터가 '**十**' 모양으로 바뀌면 드래그하여 배치해요.

## 己 도형으로 호박 그림 따라 그리기

**01** [**입력**] **탭-[곡선**(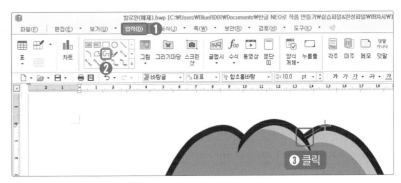)]을 클릭하고 호박 그림의 테두리를 따라 그리기 위해 테두리 위에서 클릭하여 시작점을 지정해요.

**02** 곡선의 꼭짓점을 만들 위치마다 계속 클릭해 가면서 처음 시작한 곳까지 연결하면 곡선으로 이루어진 도형이 만들어져요.

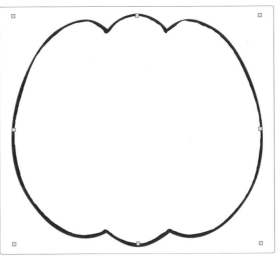

**03** 곡선 도형 위에서 마우스 오른쪽 버튼을 클릭하여
바로 가기 메뉴에서 **[다각형 편집]**을 선택해요.

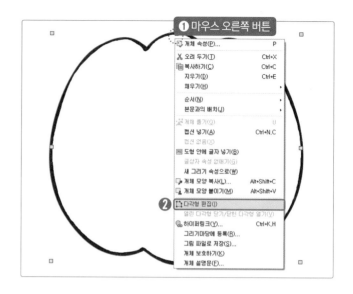

**04** 곡선으로 이루어진 점들이 표시되면 모양을 수정할 곳을 찾아 조절점을 이동하거나 추가 또는 삭제하여 모양을 만
들어 보세요.

• 조절점 추가하기 : 선 위에서 마우스 포인터가 '✚' 모양이 되었을 때 드래그해요.
• 조절점 삭제하기 : 조절점 위에서 Ctrl 을 눌러 마우스 포인터가 '━' 모양이 되었을 때 클릭해요.
• 조절점 이동하기 : 조절점 위에서 마우스 포인터가 '✥' 모양이 되었을 때 드래그해요.

💡 작업을 잘못했다면 Ctrl + Z 를 눌러 바로 이전 단계로 돌아가 천천히 작업해요. 화면을 확대한 후 작업하면 보다 수월하게 할 수 있어요.

**05** 완성된 도형을 더블 클릭하여 [개체 속성] 대화상자
가 나타나면 **[채우기] 탭**에서 채우기는 **'색 채우기 없음'**
을 지정하고 [설정]을 클릭해요. 도형의 테두리만 남아 있
는 것을 확인해요.

💡 면 색이 지정되어 있어 눈과 입을 그리기 어려우므로 색 채우기 없
음을 지정해요.

**06** 눈을 그리기 위해 **[입력] 탭-[다각형(⌓)]**을 클릭
하고 호박 그림의 세모 모양의 눈을 따라 그려요. 곡선과
마찬가지로 시작점을 다시 클릭하면 도형이 완성돼요.

💡 다각형은 직선으로만 그려지므로 배경의 눈 모양과 딱 맞춰 그리지
않아도 괜찮아요.

**07** 완성한 눈 모양의 다각형을 Ctrl+드래그하여 복사하고 **[도형] 탭-[회전]-[좌우 대칭]**을 클릭해요.

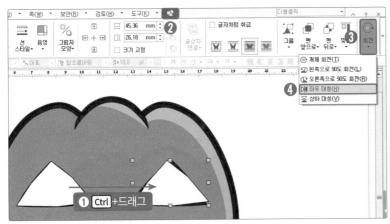

**08** 같은 방법으로 **[입력] 탭-[다각형(⬠)]**을 클릭하고 호박 그림의 입 모양을 따라 그려요.

**09** 완성한 도형에 채우기 색을 지정하기 위해 눈 도형을 더블 클릭하여 [개체 속성] 대화상자가 나타나면 **[채우기] 탭**에서 채우기의 '**색**'을 선택하여 '**면 색**'을 클릭해요. 색상 팔레트에서 '**색 골라내기( ✐ )**'를 클릭하고 눈 도형 뒤에 있는 그림의 색을 마우스로 클릭해요.

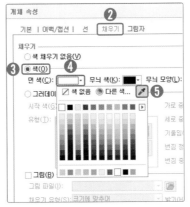

💡 '✐' 아이콘이 위치한 곳의 색이 확대되어 표시되어 쉽게 선택할 수 있어요.

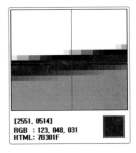

💡 Ctrl과 마우스 휠을 위로 돌려 화면을 확대하면 색 골라내기를 좀 더 쉽게 할 수 있어요.

**10** [선] 탭에서 선 종류를 지정한 후 [설정]을 클릭해요.

- ❷ 선 없음

**11** 같은 방법으로 반대 쪽 눈과 입 도형의 면 색과 선 없음을 지정해요.

**12** 곡선으로 그린 얼굴 도형도 [선] 탭과 [채우기] 탭에서 선 색과 선 종류, 굵기, 면 색을 지정한 후 [설정]을 클릭해요. 마지막으로 뒤에 있는 할로윈 호박 그림을 선택하고 Delete를 눌러 삭제해요.

- [선] 탭 : 선 색 '색 골라내기'로 '할로윈 가면의 테두리 색', 종류 '실선', 굵기 '3mm'
- [채우기] 탭 : 면 색 '색 골라내기'로 지정

**13** [쪽] 탭-[쪽 테두리/배경]을 선택해 [09차시] 폴더에 있는 '**할로윈 배경.png**' 그림을 '**크기에 맞추어**'로 배경 지정해요. 할로윈 가면 도형은 크기를 조절한 후 배경의 가운데 배치해요.

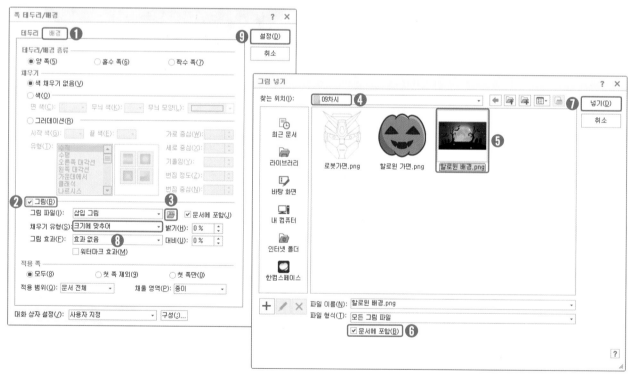

할로윈 가면 개체를 모두 선택하고 [도형] 탭-[그룹]-[개체 묶기]를 실행해 그룹으로 지정한 후 크기를 조절하면 편해요.

**1** 새 문서에서 '로봇가면.png' 그림을 삽입한 후 직선, 타원, 다각형 등의 도형을 이용하여 그림처럼 로봇 얼굴을 완성해 보세요.

• **실습파일** : 로봇가면.png   • **완성파일** : 로봇가면(완성).hwp

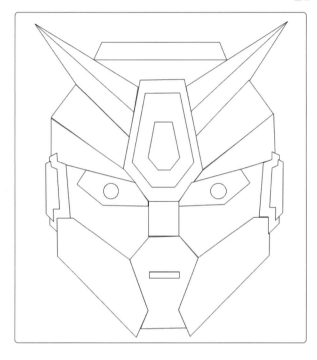

**2** 완성한 로봇의 얼굴에 면 색을 지정해 예쁘게 색칠해 보세요.

• **실습파일** : 없음   • **완성파일** : 로봇가면 색칠(완성).hwp

'로봇가면(색칠).png' 파일을 열어 놓고 색 골라내기 기능을 활용해 색상을 지정해도 좋아요.

# 10 새학기 시간표 만들기

3월! 새 학년이 시작되어 라윤이네 반에서는 1학기 시간표를 만들기로 했어요. 여러 친구들이 만든 다양한 시간표를 놓고 투표를 해 가장 많은 표를 받는 친구의 시간표를 1학기 동안 교실에 붙여 두기로 했답니다. 어떻게 만들어야 친구들에게 가장 예쁜 시간표로 뽑힐 수 있을까요?

**학습목표**
» 줄 수와 칸 수에 맞춰 표를 삽입할 수 있습니다.
» 표에 선 모양과 셀 배경 색을 지정할 수 있습니다.
» 글상자에 제목을 입력하고 속성을 지정할 수 있습니다.

· **실습파일** : 시간표(예제).hwp    · **완성파일** : 시간표(완성).hwp

**미리보기**

**오늘 배울 기능**

➤ **글상자 삽입** : [입력] 탭-[가로 글상자]([Ctrl]+[N], [B])
➤ **표 삽입** : [입력] 탭-[표]([Ctrl]+[N], [T])
➤ **선 모양, 셀 배경 색** : 셀 블록 지정한 후 [마우스 오른쪽 버튼]-[셀 테두리/배경]-[각 셀마다 적용]

# 1 글상자 삽입하고 제목 꾸미기

**01** '시간표(예제).hwp' 파일을 실행하고
글상자를 삽입하기 위해 **[입력] 탭-[가로
글상자(▤)]**를 클릭한 후 문서의 위쪽에
드래그하고 글자를 입력해요.

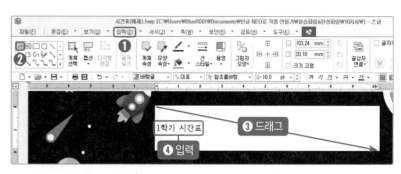

**02** 글자를 블록 지정하여 **[서식] 탭-[글
자 모양]**을 클릭해요. [글자 모양] 대화상자
가 나타나면 **[기본] 탭**에서 크기, 글꼴, 속
성, 글자 색을 지정하고 [설정]을 클릭해요.

- ❷ 47pt ❸ HY헤드라인M ❹ 양각
  ❺ 노랑(RGB:255,215,0)

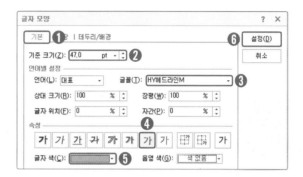

**03** 글상자를 더블 클릭하여 [개체 속성] 대화상자가 나타나면 **[선] 탭**과 **[채우기] 탭**에서 선 종류(**선 없음**)와 채우기
(**색 채우기 없음**)를 지정한 후 [설정]을 클릭해요.

# 2 표 삽입하고 편집하기

**01** 표를 삽입하기 위해 **[입력] 탭-[표(▦)]**를 클릭해요. [표 만들기] 대화상자가 나타나면 줄 수(**8**)와 칸 수(**7**)를 지
정하고 '**마우스 끌기로 만들기**'에 **체크**한 후 [만들기]를 클릭해요.

**02** 마우스 포인터가 '十' 모양으로 바뀌면 드래그하여 표를 삽입해요

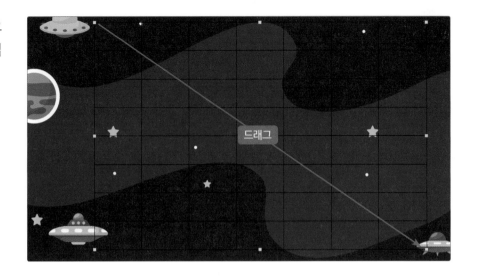

**03** 두 번째 줄을 블록 지정하고 Ctrl+↑를 여러 번 눌러 표의 높이를 최대한 줄여주세요.

**04** Esc를 눌러 블록 해제하고 두 번째 칸 전체를 블록 지정한 후 Ctrl+←를 눌러 표의 너비를 최대한 줄여주세요.

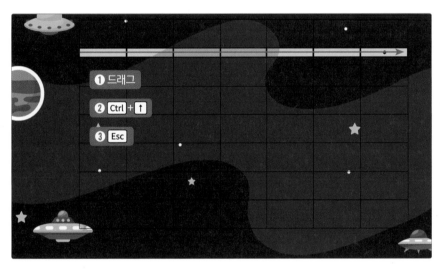

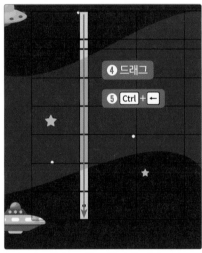

**05** 셀 배경 색을 지정하기 위해 첫 번째 줄을 블록 지정하고 L을 눌러요. [셀 테두리/배경] 대화상자가 나타나면 **[테두리] 탭**과 **[배경] 탭**에서 다음과 같이 지정하고 [설정]을 클릭해요.

- ❷ 실선 ❸ 0.4mm ❹ 하양(RGB:255,255,255) ❺ 모두 ❽ 하양(RGB:255,255,255)

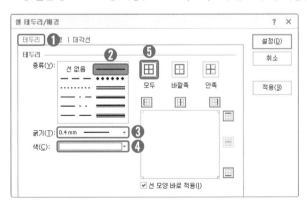

🔅 마우스 오른쪽 버튼을 클릭하여 바로 가기 메뉴에서 [셀 테두리/배경]–[각 셀마다 적용]을 이용해도 돼요.

**06** `Esc`를 눌러 블록 해제하고 **3번째 줄~8번째 줄**까지 블록 지정한 후 `L`을 눌러요. [셀 테두리/배경] 대화상자가 나타나면 **[테두리] 탭**과 **[배경] 탭**에서 다음과 같이 지정하고 [설정]을 클릭해요.

• ❷ 점선 ❸ 0.4mm ❹ 노랑(RGB:255,215,0) ❺ 모두 ❽ 하양(RGB:255,255,255)

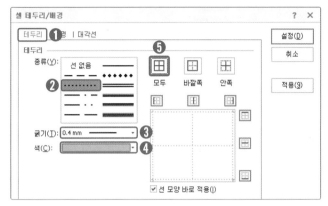 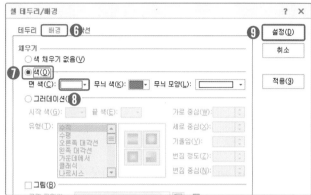

**07** `Esc`를 눌러 블록 해제하고 **두 번째 줄 전체**를 블록 지정한 후 `L`을 눌러요. [셀 테두리/배경] 대화상자가 나타나면 **[테두리] 탭**에서 다음과 같이 지정하고 [설정]을 클릭해요.

• ❷ 선 없음 ❸ 왼쪽 ❹ 안쪽 세로 ❺ 오른쪽

💡 기존 선 색이 흰색이기 때문에 미리보기 화면에 보이지 않아요. 왼쪽, 안쪽 세로, 오른쪽 아이콘이 활성화되는 것으로 선이 없어졌음을 확인해요.

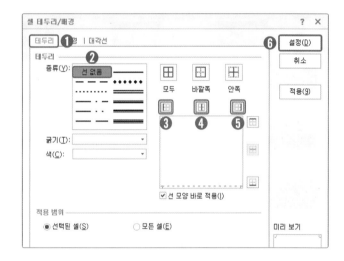

**08** `Esc`를 눌러 블록 해제하고 **두 번째 칸 전체**를 블록 지정한 후 `L`을 눌러요. [셀 테두리/배경] 대화상자가 나타나면 **[테두리] 탭**과 **[배경] 탭**에서 다음과 같이 지정하고 [설정]을 클릭해요.

• ❷ 선 없음 ❸ 위 ❹ 안쪽 가로 ❺ 아래 ❼ 색 채우기 없음

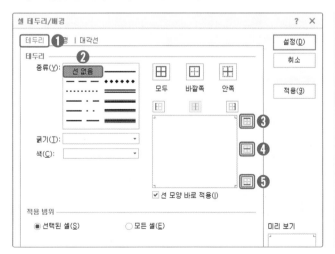 

💡 기존 선 색이 흰색이기 때문에 미리보기 화면에 보이지 않아요. 위, 안쪽 가로, 아래 아이콘이 활성화되는 것으로 선이 없어졌음을 확인해요.

**09** 첫 번째 줄 첫 번째 칸을 클릭하고 F5를 눌러 블록 지정한 후 L을 눌러요. [셀 테두리/배경] 대화상자가 나타나면 **[대각선] 탭**에서 다음과 같이 지정한 후 [설정]을 클릭해요.

- ② 실선 ③ 0.4mm ④ 하늘색(RGB:97,130,214) 40% 밝게
  ⑤ 대각선(1)

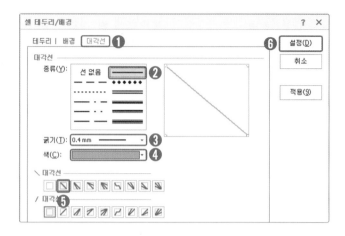

**10** 떨어져 있는 셀을 블록으로 지정하기 위해 Ctrl+클릭으로 그림과 같이 선택하고 **[표] 탭-[셀 배경 색]**에서 '**하늘색(RGB:97,130,214) 40% 밝게**'를 지정해요.

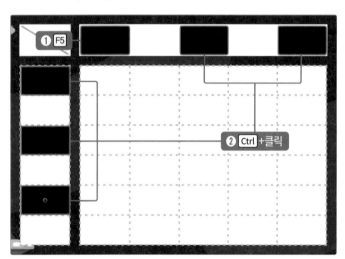
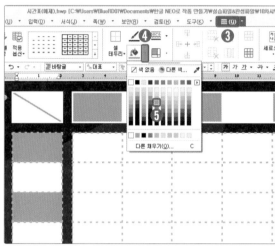

**11** 셀 안에 다음과 같이 글자를 입력해요. 글자가 입력된 셀을 Ctrl을 이용하여 블록 지정하고 서식 도구 상자에서 글꼴, 글자 크기, 진하게, 정렬을 설정해요.

- ③ 경기천년제목 Light ④ 14pt ⑤ 진하게 ⑥ 가운데 정렬

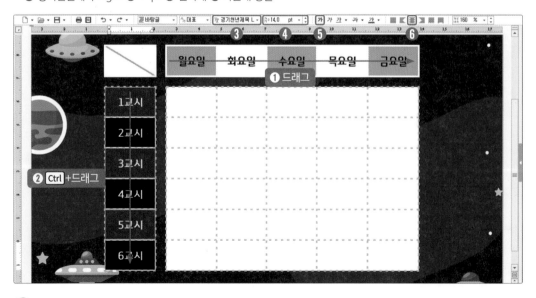

💡 표 편집이 완료되면 표 테두리를 선택하고 드래그하여 위치를 조절해요.

**1** 표를 이용하여 다음과 같이 요일별 행사표를 만들어 보세요.

• 실습파일 : 요일별 행사표(예제).hwp　　• 완성파일 : 요일별 행사표(완성).hwp

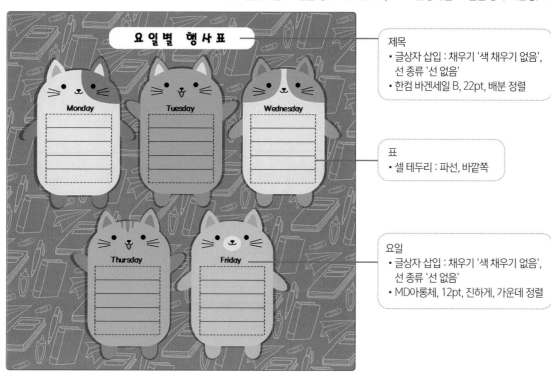

제목
• 글상자 삽입 : 채우기 '색 채우기 없음', 선 종류 '선 없음'
• 한컴 바겐세일 B, 22pt, 배분 정렬

표
• 셀 테두리 : 파선, 바깥쪽

요일
• 글상자 삽입 : 채우기 '색 채우기 없음', 선 종류 '선 없음'
• MD아롱체, 12pt, 진하게, 가운데 정렬

**2** 표를 이용하여 다음과 같이 2학기 시간표를 만들어 보세요.

• 실습파일 : 2학기 시간표(예제).hwp　　• 완성파일 : 2학기 시간표(완성).hwp

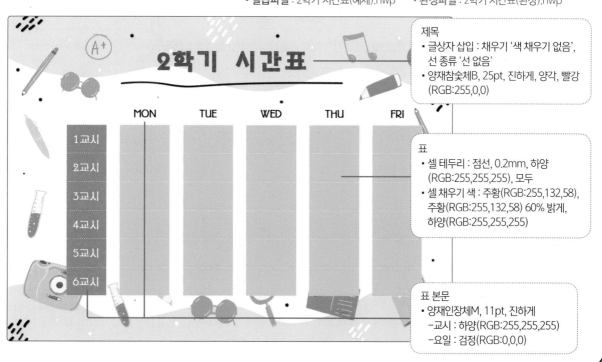

제목
• 글상자 삽입 : 채우기 '색 채우기 없음', 선 종류 '선 없음'
• 양재참숯체B, 25pt, 진하게, 양각, 빨강 (RGB:255,0,0)

표
• 셀 테두리 : 점선, 0.2mm, 하양 (RGB:255,255,255), 모두
• 셀 채우기 색 : 주황(RGB:255,132,58), 주황(RGB:255,132,58) 60% 밝게, 하양(RGB:255,255,255)

표 본문
• 양재인장체M, 11pt, 진하게
 −교시 : 하양(RGB:255,255,255)
 −요일 : 검정(RGB:0,0,0)

# 11 오늘 뭐했지? 그림일기장 만들기

방학 숙제로 매일매일 그림일기를 써야하는 라윤이! 다른 친구들과 같은 평범한 그림일기장 말고 좀 더 예쁘게 꾸며진 일기장에 그림일기를 쓰고 싶어졌어요. 표와 그림만으로 예쁘게 배경을 만들 수 있는 일기장을 만들어서 친구들에게도 함께 공유해 볼까요?

 학습목표

» 표 배경을 그림으로 채울 수 있습니다.
» 표 안에 또 다른 표를 삽입할 수 있습니다.

· 실습파일 : 그림일기장(예제).hwp, 이미지 파일(그림일기_배경, 스티커01~스티커04)    · 완성파일 : 그림일기장(완성).hwp

미리보기

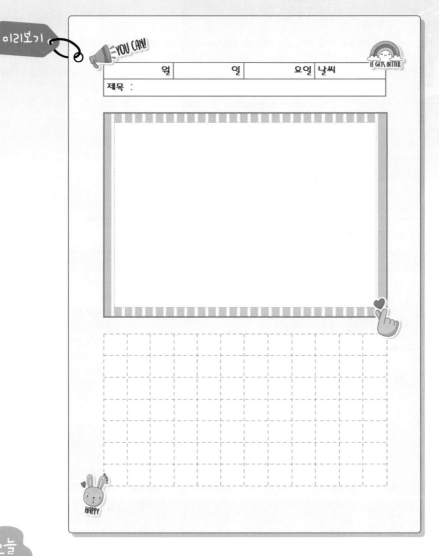

오늘 배울 기능

➤ 셀 합치기 : [표] 탭-[셀 합치기]

➤ 그림으로 표 배경 채우기 : [셀 테두리/배경] 대화상자에서 [배경] 탭-[그림]

➤ 그림 위치 설정 : [개체 속성] 대화상자에서 [기본] 탭-[본문과의 배치]-[가로]/[세로]-[종이]

# 일 일기 정보를 입력할 표 만들기

01 '그림일기장(예제).hwp' 파일을 실행하고 표를 삽입하기 위해 [입력] 탭-[표(▦)]를 클릭해요. [표 만들기] 대화상자가 나타나면 줄 수와 칸 수를 지정하고 '마우스 끌기로 만들기'는 해제하고, '글자 처럼 취급'에 체크한 후 [만들기]를 클릭해요.

· ❶ 2 ❷ 4

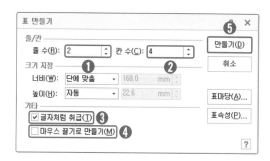

💡 커서가 위치한 곳에 표가 삽입되므로 문서의 첫째 줄에 커서를 놓고 삽입해요.

02 표가 삽입되면 F5를 3번 눌러 셀 전체를 블록 지정한 후 Ctrl+↓를 5번 눌러 높이를 늘려주세요. Esc를 눌러 블록 해제하고 다시 두 번째 줄을 블록 지정한 후 [표] 탭-[셀 합치기(▦)](M)를 클릭해요.

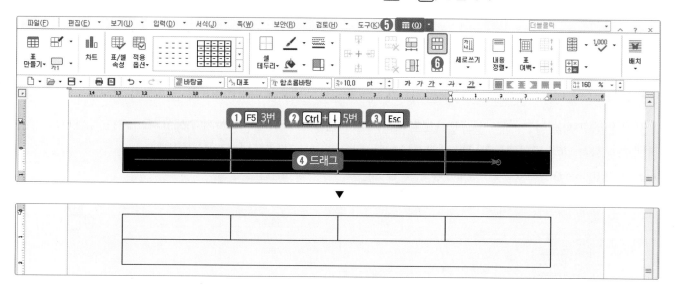

03 다시 표 셀 전체를 블록 지정하고 L을 눌러요. [셀 테두리/배경] 대화상자가 나타나면 [테두리] 탭과 [배경] 탭에서 다음과 같이 지정하고 [설정]을 클릭해요.

· ❷ 실선 ❸ 0.5mm ❹ 초록(RGB:40,155,110) 10% 어둡게 ❺ 모두 ❽ 하양(RGB:255,255,255)

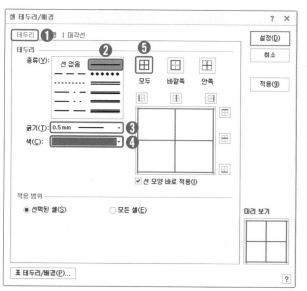 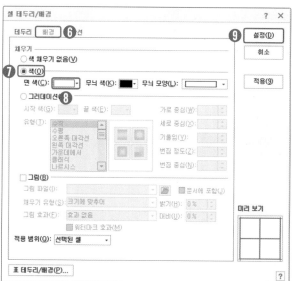

**04** 셀 안에 글자를 입력하고 서식 도구 상자에서 글꼴, 글자 크기, 정렬을 설정해요.

· ❶ MD이솝체 ❷ 16pt ❸ 진하게 ❹ 오른쪽 정렬 ❺ 양쪽 정렬

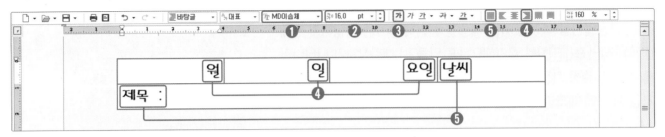

 **2 일기 내용을 기록할 표 만들기**

**01** 표 바깥의 오른쪽 뒤에 커서를 놓고 Enter를 두 번 누른 후 **[입력] 탭-[표(⊞)]**를 클릭해요. [표 만들기] 대화상자가 나타나면 줄 수(**1**)와 칸 수(**1**)를 지정하고 [만들기]를 클릭해요.

**02** 표 테두리의 아래쪽에 마우스 포인터를 가져가 '✥' 모양으로 바뀌면 드래그하여 표 높이를 키워주세요.

**03** 표 안에 커서를 놓고 F5를 눌러 블록으로 지정한 후 선 모양과 배경을 설정하기 위해 L을 눌러요. [셀 테두리/배경] 대화상자가 나타나면 **[테두리] 탭**과 **[배경] 탭**에서 다음과 같이 지정하고 [설정]을 클릭해요.

· ❷ 실선 ❸ 0.7mm ❹ 초록(RGB:40,155,110) ❺ 바깥쪽 ❽ '그림일기_배경.png' 그림 삽입

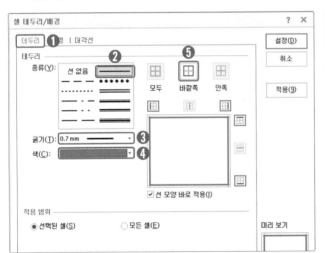 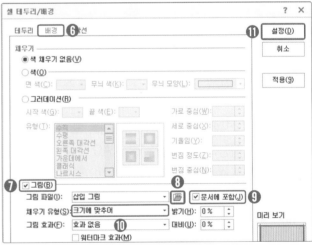

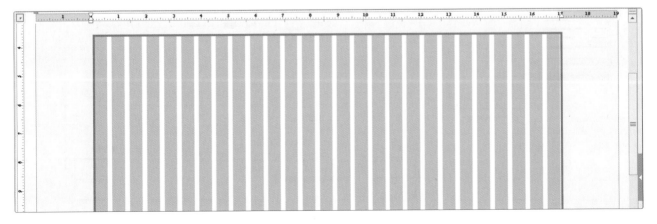

**04** 표 안에 커서를 놓고 그림을 그리기 위한 표를 만들기 위해 **[입력] 탭-[표( )]**를 클릭해요. [표 만들기] 대화상자가 나타나면 줄 수(**1**)와 칸 수(**1**)를 지정하고 [만들기]를 클릭해요.

**05** 새로 만들어진 표 안에 커서를 놓고 F5를 눌러 블록 지정한 후 Ctrl+↓, Ctrl+←를 이용해 표의 크기를 조절해요.

💡 '글자처럼 취급'이 된 상태이므로 표 바깥에 커서를 놓고 '가운데 정렬'을 설정하면 배경 표의 가운데 배치할 수 있어요.

**06** 블록 지정 상태에서 L을 눌러요. [셀 테두리/배경] 대화상자가 나타나면 **[테두리] 탭**과 **[배경] 탭**에서 다음과 같이 지정하고 [설정]을 클릭해요.

• ❷ 점선 ❸ 0.3mm ❹ 하늘색(RGB:97,130,214) 20% 밝게 ❺ 바깥쪽 ❽ 하양(RGB:255,255,255)

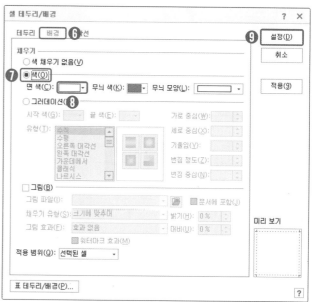

**07** **01**에서 만든 배경 그림이 지정된 표 오른쪽 뒤에 커서를 놓고 Enter를 두 번 누른 후 일기 내용을 작성할 표를 만들기 위해 **[입력] 탭-[표( )]**를 클릭해요. [표 만들기] 대화상자가 나타나면 줄 수(**7**)와 칸 수(**12**)를 지정하고 [만들기]를 클릭해요.

**08** 표가 삽입되면 표 셀 전체를 블록 지정하고 Ctrl+↓를 여러 번 눌러 셀들이 정사각형이 되도록 만들어요.

**09** 블록 지정 상태에서 [L]을 눌러요. [셀 테두리/배경] 대화상자가 나타나면 **[테두리] 탭**과 **[배경] 탭**에서 다음과 같이 지정하고 [설정]을 클릭해요.

- ❷ 파선 ❸ 0.3mm ❹ 초록(RGB:40,155,110) ❺ 모두 ❽ 하양(RGB:255,255,255)

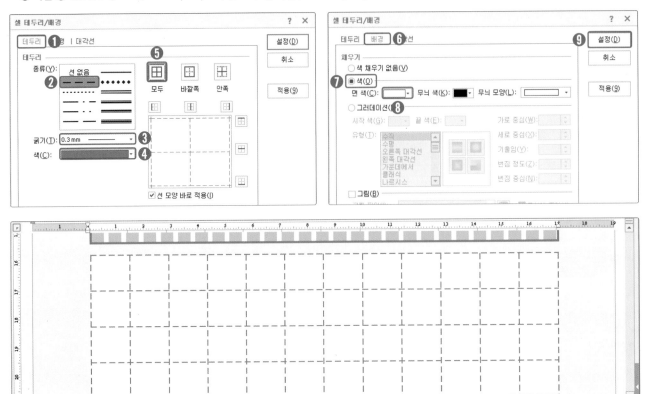

## ③ 그림 삽입하여 일기장 꾸미기

**01** [입력] 탭-[그림(📷)]을 클릭하여 [그림 넣기] 대화상자가 나타나면 **[11차시]** 폴더에서 '**스티커01~스티커04.png**'를 삽입해요.

**02** 삽입된 그림을 [Shift]를 이용하여 모두 선택하고 [P]를 눌러요. [개체 속성] 대화상자가 나타나면 **[기본] 탭**에서 본문과의 배치를 다음과 같이 지정하고 [설정]을 클릭해요.

- ❷ 글 앞으로 ❸ 가로('종이'의 '왼쪽')/세로('종이'의 '위')

**03** 각각의 그림을 적당한 위치에 배치해 일기장을 완성해요.

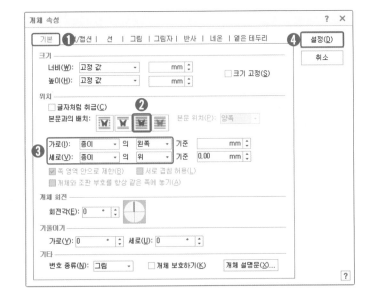

**1** 표와 그림을 이용하여 다음과 같이 영어 일기장을 만들어 보세요.

• **실습파일** : 영어일기장(예제).hwp, 클립.png    • **완성파일** : 영어일기장(완성).hwp

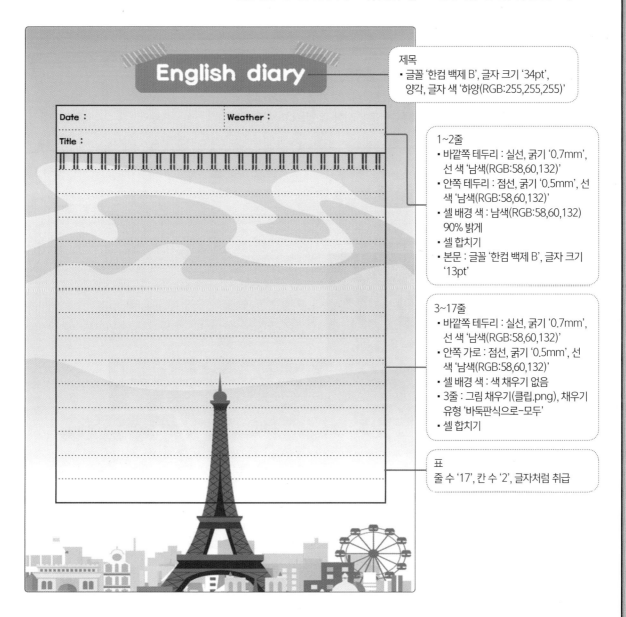

**제목**
• 글꼴 '한컴 백제 B', 글자 크기 '34pt', 양각, 글자 색 '하양(RGB:255,255,255)'

**1~2줄**
• 바깥쪽 테두리 : 실선, 굵기 '0.7mm', 선 색 '남색(RGB:58,60,132)'
• 안쪽 테두리 : 점선, 굵기 '0.5mm', 선 색 '남색(RGB:58,60,132)'
• 셀 배경 색 : 남색(RGB:58,60,132) 90% 밝게
• 셀 합치기
• 본문 : 글꼴 '한컴 백제 B', 글자 크기 '13pt'

**3~17줄**
• 바깥쪽 테두리 : 실선, 굵기 '0.7mm', 선 색 '남색(RGB:58,60,132)'
• 안쪽 가로 : 점선, 굵기 '0.5mm', 선 색 '남색(RGB:58,60,132)'
• 셀 배경 색 : 색 채우기 없음
• 3줄 : 그림 채우기(클립.png), 채우기 유형 '바둑판식으로–모두'
• 셀 합치기

**표**
줄 수 '17', 칸 수 '2', 글자처럼 취급

# 12 반짝반짝 빛나는 별빛 램프

지윤이는 불을 끄면 별 모양으로 빛을 내는 램프를 침대 옆에 놓고 싶었어요. 별빛 모양의 불이 보이려면 램프에 갓을 씌워야한다고 해요. 갓을 새로 사지 않고 직접 표를 이용해 도안을 만들고 오려서 별 모양 대로 구멍을 뚫어 별빛 램프를 만들어 볼까요?

**학습목표**
» 세로 눈금자와 가로 눈금자를 이용해 셀 크기를 조절할 수 있습니다.
» 표의 셀마다 각각 다른 그림으로 채울 수 있습니다.
» 대각선을 이용해 도안을 완성할 수 있습니다.

· **실습파일** : 별빛램프(예제).hwp, 이미지 파일(램프1~램프5)   · **완성파일** : 별빛램프(완성).hwp

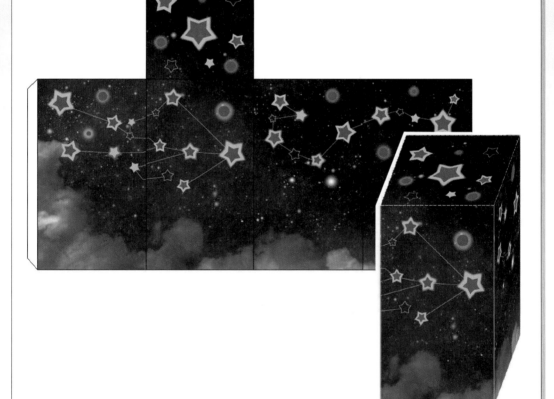

➤ **그림으로 셀 배경 채우기** : [표] 탭-[셀 테두리/배경]-[각 셀마다 적용]
➤ **가로 눈금자, 세로 눈금자 보기** : [보기] 메뉴-[문서 창]-[가로 눈금자]/[세로 눈금자]
➤ **셀 나누기** : [표] 탭-[셀 나누기]

**01** '별빛램프(예제).hwp' 파일을 실행하고 표를 만들기 위해 **[입력] 탭-[표(▦)]**를 클릭하고 [표 만들기] 대화상자가 나타나면 줄 수와 칸 수를 지정하고, '**글자처럼 취급**'에 **체크**한 후 [만들기]를 클릭해요.

• ❶ 3 ❷ 5

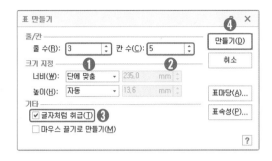

**02** 첫 번째 칸과 두 번째 칸의 경계선을 왼쪽으로 드래그하여 최대한 좁게 만들어요. 두 번째 칸과 세 번째 칸의 경계선을 왼쪽으로 드래그하여 가로 눈금자의 **5cm**에 맞춰요.

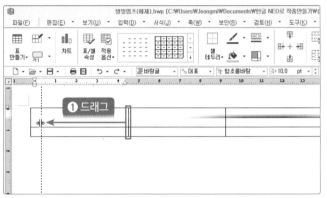 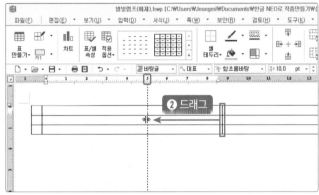

💡 두 번째 칸에 커서를 놓아야 가로 눈금자의 너비를 확인할 수 있어요.

**03** 같은 방법으로 나머지 칸들도 모두 5cm에 맞춰 너비를 조절해요.

**04** 두 번째 줄에 커서를 놓고 F5를 눌러 블록 지정한 후 Ctrl + ↓를 눌러 높이가 5cm가 되도록 만들어요.

💡 세로 눈금자를 확인하면서 높이를 맞춰요. 세밀한 조정은 표 경계선에 마우스 포인터를 이용해요.

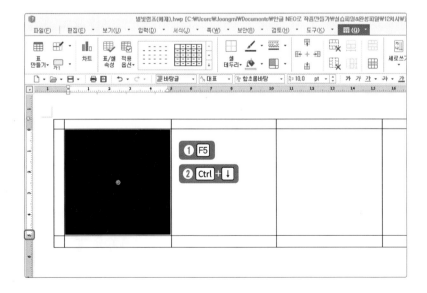

**05** 같은 방법으로 세 번째 줄에 커서를 놓고 높이가 **9cm**가 되도록 만들어요.

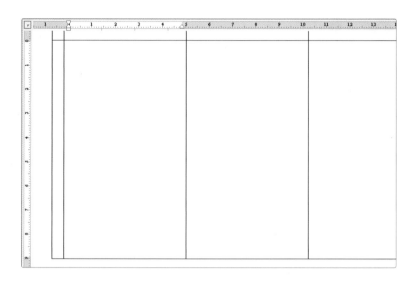

**06** 셀에 배경 그림을 삽입하기 위해 두 번째 줄, 세 번째 칸에 커서를 놓고 F5 를 누른 후 C 를 눌러요.

**07** [셀 테두리/배경] 대화상자가 나타나면 [배경] 탭에서 [그림]에 체크하고, '그림 선택( )' 아이콘을 클릭해 [12차시] 폴더에서 '램프1.jpg'를 선택하여 삽입한 후 채우기 유형을 '크기에 맞추어'로 지정한 다음 [설정]을 클릭해요.

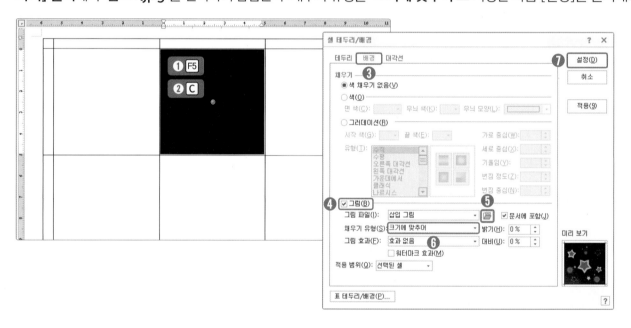

**08** 같은 방법으로 각 셀에 '램프2~램프5.jpg' 그림을 배경 그림으로 설정합니다.

- ❶ 램프2.jpg
- ❷ 램프3.jpg
- ❸ 램프4.jpg
- ❹ 램프5.jpg

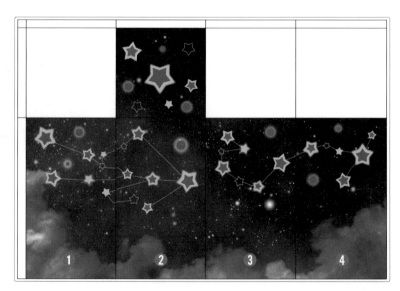

## ❷ 대각선과 테두리 지정하여 도안 완성하기

**01** 그림과 같이 표의 네 칸을 블록 지정한 후 ⬜을 눌러요. [셀 테두리/배경] 대화상자가 나타나면 **[테두리] 탭**에서 테두리 종류와 위치를 지정한 후 [설정]을 클릭해요.

- ❹ 선 없음 ❺ 왼쪽 ❻ 안쪽 세로 ❼ 위 ❽ 안쪽 가로

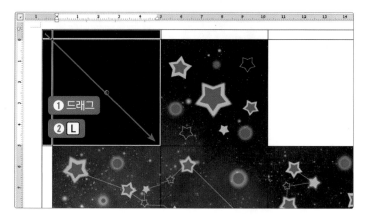
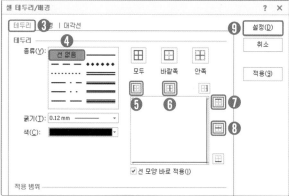

**02** 다시 그림과 같이 네 칸을 블록 지정한 후 ⬜을 눌러요. [셀 테두리/배경] 대화상자가 나타나면 **[테두리] 탭**에서 테두리 종류와 위치를 지정한 후 [설정]을 클릭해요.

- ❹ 선 없음 ❺ 안쪽 세로 ❻ 오른쪽 ❼ 위 ❽ 안쪽 가로

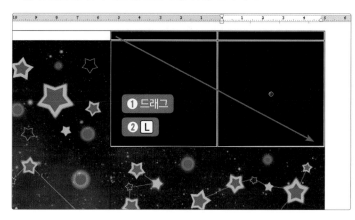
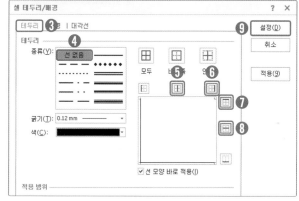

**03** 첫 번째 줄 세 번째 칸에 커서를 놓고 F5를 눌러 블록 지정한 후 ⓢ를 눌러요. [셀 나누기] 대화상자가 나타나면 칸 수를 '3'으로 지정하고 [나누기]를 클릭해요.

**04** 같은 방법은 세 번째 줄 첫 번째 칸에 커서를 놓고 F5를 눌러 블록 지정한 후 ⓢ를 눌러요. [셀 나누기] 대화상자가 나타나면 줄 수를 '3'으로 지정하고 [나누기]를 클릭해요.

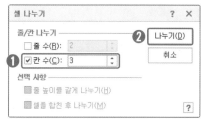

▲ 첫 번째 줄 세 번째 칸          ▲ 세 번째 줄 첫 번째 칸

**05** 셀 나누기를 실행한 셀의 경계선을 드래그하여 다음과 같이 셀의 너비와 높이를 조절해요.

🔍 셀의 경계선에 마우스 포인터를 가져가 드래그하면 쉽게 너비와 높이를 조절할 수 있어요.

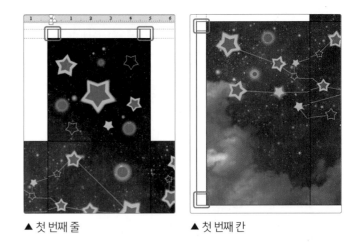

▲ 첫 번째 줄          ▲ 첫 번째 칸

**06** 첫 번째 줄 세 번째 칸에 커서를 놓고 F5를 눌러 블록 지정한 후 L을 눌러요. [셀 테두리/배경] 대화상자가 나타나면 **[테두리] 탭**과 **[대각선] 탭**에서 다음과 같이 지정하고 [설정]을 눌러요.

• ❹ 선 없음 ❺ 왼쪽 ❻ 오른쪽 ❼ 위 ❾ 실선 ❿ 0.1mm ⓫ 📐

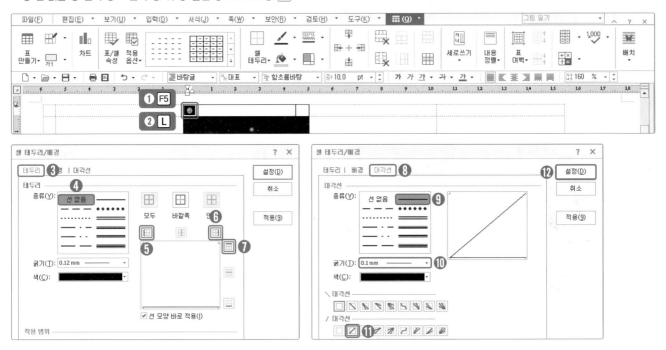

**07** 같은 방법으로 나머지 셀도 선 없음과 대각선을 설정하여 도안을 완성해요.

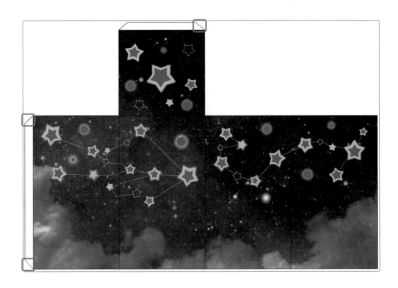

혼자서 뚝딱뚝딱

**1** 표를 수정하여 다음과 같이 주사위를 만들어 보세요.

· 실습파일 : 주사위(예제).hwp · 완성파일 : 주사위(완성).hwp

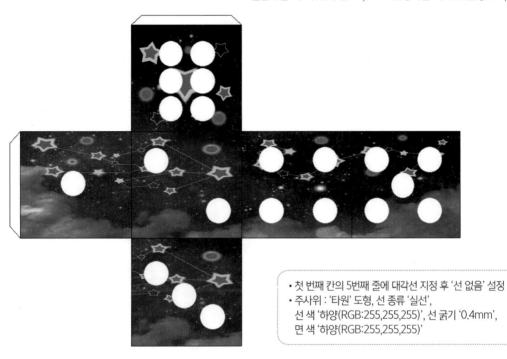

· 첫 번째 칸의 5번째 줄에 대각선 지정 후 '선 없음' 설정
· 주사위 : '타원' 도형, 선 종류 '실선',
  선 색 '하양(RGB:255,255,255)', 선 굵기 '0.4mm',
  면 색 '하양(RGB:255,255,255)'

**2** 표의 선 모양을 이용하여 대각선과 직선이 겹치는 부분이 없도록 만들어 보세요.

· 실습파일 : 사다리게임(예제).hwp · 완성파일 : 사다리게임(완성).hwp

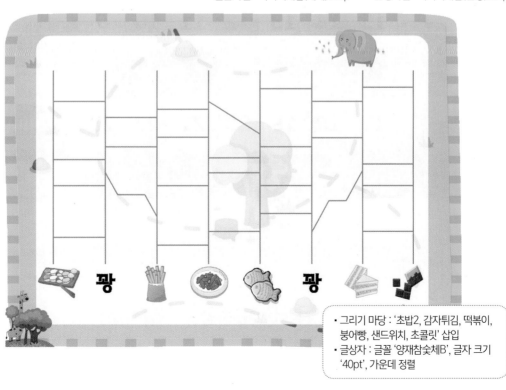

· 그리기 마당 : '초밥2, 감자튀김, 떡볶이,
  붕어빵, 샌드위치, 초콜릿' 삽입
· 글상자 : 글꼴 '양재참숯체B', 글자 크기
  '40pt', 가운데 정렬

# 13 게임을 즐겨라! 보드 게임판 만들기

서진이는 학교가 끝나고 친구들과 집에서 게임을 하며 놀기로 했어요. 친구들과 무슨 게임을 할까 고민하던 서진이는 보드 게임판을 직접 만들어 보드 게임을 해 보기로 했어요. 한글 2016에서 예쁘게 만들어서 인쇄하고, 게임규칙을 만들어 친구들과 재미있게 게임을 해 볼까요?

**학습목표**
» 표를 만들어 원하는 위치에 배치할 수 있습니다.
» 표에 줄/칸을 추가할 수 있습니다.
» 개체의 대칭 기능을 이용할 수 있습니다.

· **실습파일** : 보드게임판(예제).hwp, 사다리.png    · **완성파일** : 보드게임판(완성).hwp

미리보기

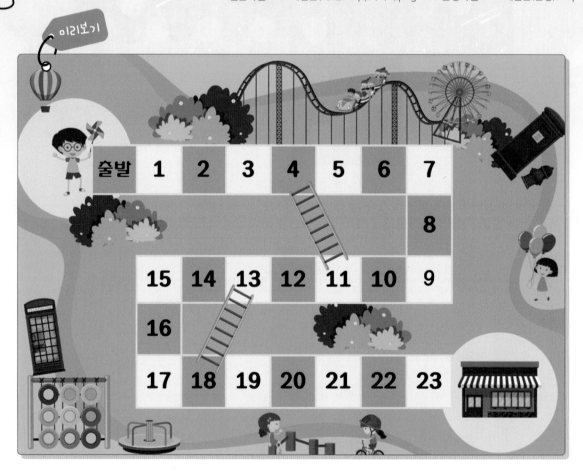

**오늘 배울 기능**

➤ **줄, 칸 추가** : [표] 탭-[줄/칸 추가하기]([Alt]+[Insert])

➤ **그림 대칭** : [그림] 탭-[회전]-[좌우 대칭]

**1 표 삽입하고 칸 추가하기**

01 '보드게임판(예제).hwp' 파일을 실행하고 표를 만들기 위해 [입력] 탭-[표(⊞)]를 클릭해요.

02 [표 만들기] 대화상자가 나타나면 줄 수와 칸 수를 지정하고 '**마우스 끌기로 만들기**'에 **체크**한 후 [만들기]를 클릭해요.

・❶5 ❷7

03 마우스 포인터가 '🔖' 모양으로 바뀌면 드래그하여 표를 만들어요.

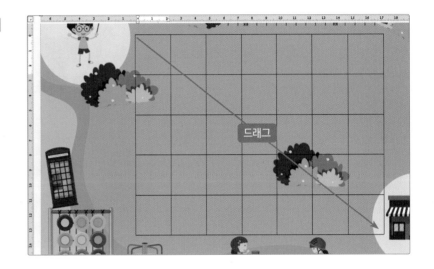

04 표의 왼쪽에 '출발' 글자가 들어갈 칸을 추가하기 위해 표의 첫 번째 칸에 커서를 놓고 [표] 탭-[왼쪽에 칸 추가하기(⊞+)]를 클릭해요.

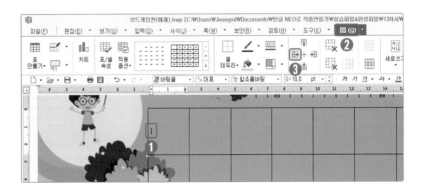

05 커서 앞에 칸이 추가된 것을 확인하고 표 테두리에 마우스 포인터를 가져가 모양이 바뀌면 클릭하여 왼쪽으로 드래그해 그림과 같이 표를 배치해요.

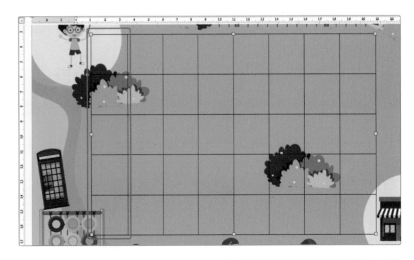

01 표 안에 커서를 놓고 F5를 3번 눌러 표 전체를 블록 지정한 후 L을 눌러요. [셀 테두리/배경] 대화상자가 나타나면 **[테두리] 탭**에서 다음과 같이 지정하고 [설정]을 클릭해요.

• ❷ 선 없음 ❸ 모두

02 Esc를 눌러 블록 해제하고 Ctrl을 이용하여 그림과 같이 블록 지정한 후 L을 눌러요.

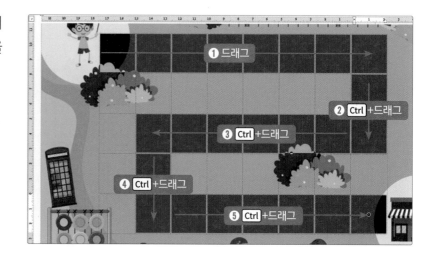

03 [셀 테두리/배경] 대화상자가 나타나면 **[테두리] 탭**에서 다음과 같이 지정하고 [설정]을 클릭해요.

• ❷ 실선 ❸ 1mm ❹ 검정(RGB:0,0,0) 90% 밝게
  ❺ 안쪽

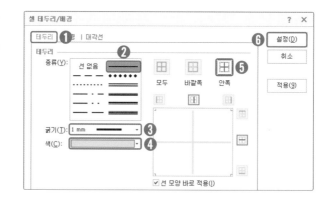

04 Esc를 눌러 블록 지정된 부분의 셀 테두리가 설정된 것을 확인해요.

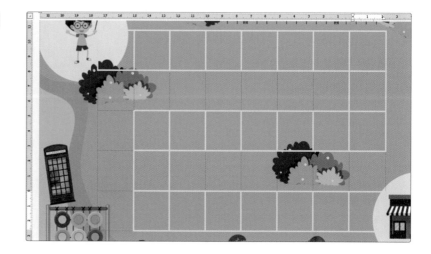

**05** 첫 번째 줄의 첫 번째 칸부터 Ctrl+클릭하여 한 칸 건너 뛰며 블록 지정하고 C를 눌러요.

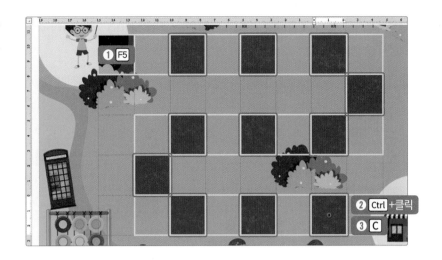

**06** [셀 테두리/배경] 대화상자가 나타나면 **[배경] 탭**에서 다음과 같이 지정하고 [설정]을 클릭해요.

· ❸ 보라(RGB:157,92,187) 40% 밝게

**07** 같은 방법으로 첫 번째 줄의 두 번째 칸부터 Ctrl+클릭하여 한 칸 건너 뛰며 블록 지정하고 C를 눌러요. [셀 테두리/배경] 대화상자가 나타나면 **[배경] 탭**에서 다음과 같이 지정하고 [설정]을 클릭해요.

· ❸ 주황(RGB:255,132,58) 90% 밝게

**08** 그림처럼 셀 배경 색이 지정된 셀 안에 글자를 입력하고 Ctrl을 이용하여 블록 지정한 후 서식 도구 상자에서 다음과 같이 서식을 지정해요.

· ❸ HY동녘M ❹ 27pt ❺ 진하게 ❻ 가운데 싱럴

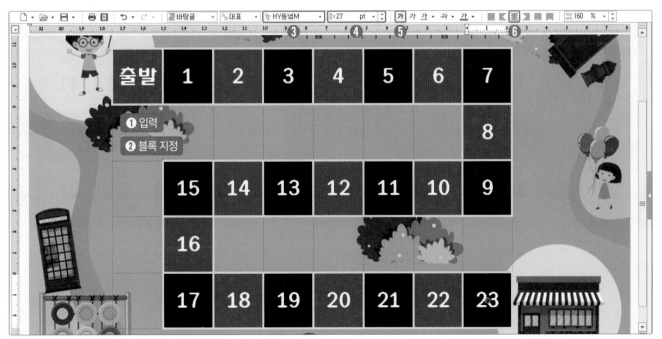

**09** [입력] 탭-[그림(🖼)]을 클릭하여 '**사다리.png**'를 삽입하고 그림과 같이 배치한 후 [그림] 탭-[회전]-[개체회전]을 선택해요.

**10** 4번에서 11번으로 이동할 수 있도록 사다리의 각도를 회전해요.

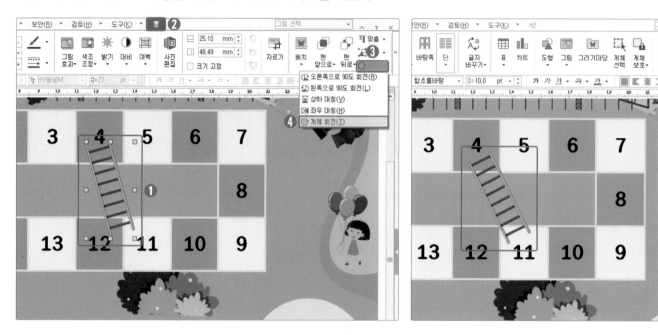

**11** 사다리를 Ctrl+드래그하여 복사하고 [그림] 탭-[회전]-[좌우 대칭]을 클릭하여 그림처럼 배치해요.

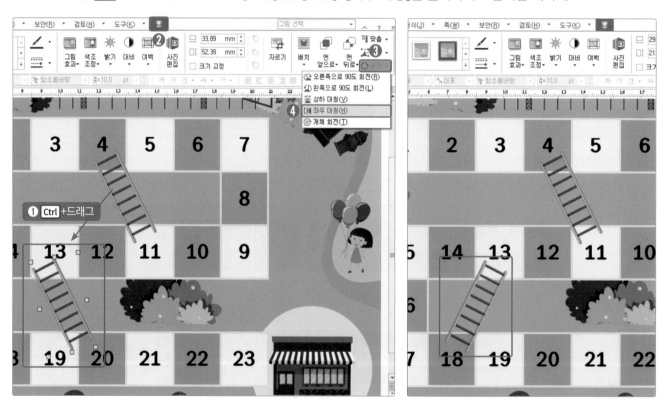

# 혼자서 뚝딱뚝딱

새 문서에서 표를 이용하여 다음과 같은 캐릭터를 만들어 보세요.

· 실습파일 : 없음　　· 완성파일 : 픽셀아트(완성).hwp

**머리, 눈**
· 검정(RGB:0,0,0)

**얼굴, 팔, 다리**
· 주황(255,102,0) 80% 밝게

**윗도리**
· 주황(RGB:255,102,0)
· 주황(RGB:255,132,58)
· 노랑(RGB:255,215,0)

**벨트**
· 탁한 황갈(RGB:131,77,0)
  20% 밝게
· 탁한 황갈(RGB:131,77,0)
  10% 어둡게

**바지**
· 초록(RGB:40,155,110)

**신발**
· 탁한 황갈(RGB:131,77,0)
  10% 어둡게

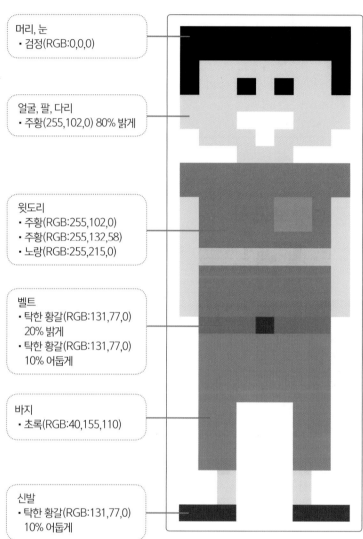

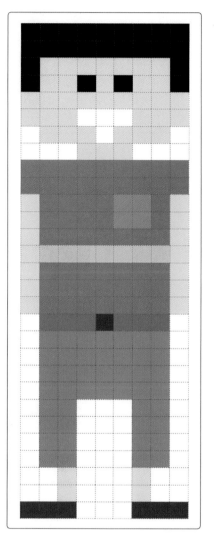

· 칸의 수만 세고 적당한 줄을 만든 다음 셀 테두리를 '선 없음'으로 모두 지정해요.
· [아래에 줄 추가하기]를 클릭하여 줄을 늘려가면서 셀 배경 색을 지정해요.
· 셀 배경 색은 색 팔레트의 [기본] 테마와 [오피스] 테마에서 설정해요.

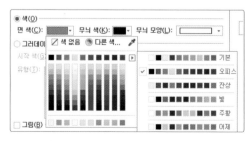

# 14 식물 성장 보고서 만들기

시율이는 봉선화가 자라는 과정을 관찰하고 그 내용을 한 페이지에 요약해서 보고서를 만들어 보기로 했어요. 그림과 글자뿐만 아니라 봉선화의 성장 과정을 잘 표현할 수 있도록 차트를 추가해 보려고 해요. 어떤 차트가 성장 과정을 잘 보여줄 수 있을까요?

**학습목표**
» 표 데이터를 이용해 차트를 만들 수 있습니다.
» 차트 마법사를 이용해 차트의 다양한 속성을 지정할 수 있습니다.
» 차트의 속성을 설정해 차트를 꾸밀 수 있습니다.

· **실습파일** : 식물성장보고서(예제).hwp  · **완성파일** : 식물성장보고서(완성).hwp

**미리보기**

## 식물성장보고서

| 학교 | 미래 초등학교 | 관찰 기간 | 4월 10일부터 8월 15일 |
|---|---|---|---|
| 반 번호 | 3학년 2반 | 준비물 | 봉산화 씨, 화분, 흙 |
| 성명 | 이시율 | 제목 | 봉선화 성장 과정과 관찰 |

| 봉선화 사진 | | |
|---|---|---|
|  | 관찰 내용 | · 화분에 흙을 넣고 씨를 심어 얼마나 빨리 자라는지 관찰<br>· 봉선화의 수명<br>· 봉선화 꽃이 피는 시기<br>· 봉선화의 꽃잎의 모양과 개수, 색깔 |
| | 알게된 점 | · 동남아시아가 원산지이고 여름에 꽃을 핀다.<br>· 7월부터 꽃이 피기 시작한다.<br>· 꽃 잎은 5개씩 겹쳐 있으며 씨방에 털이 있음 |

**봉선화 성장과정**

· 햇볕이 잘 드는 곳에서 키우는 봉선화가 더 잘 자람
· 씨앗을 심고 1주일 정도 되면 싹이 나옴
· 다 성장하면 40cm의 키를 가진다.
· 성장관찰일지

| 날짜 | 키 | 특징 |
|---|---|---|
| 4월 10일 | 0 | 씨앗을 심음 |
| 4월 20일 | 3cm | 새싹이 보임 |
| 5월 20일 | 10cm | 3개의 싹이 나옴 |
| 6월 10일 | 20cm | 잎이 커짐 |
| 6월 30일 | 25cm | 대를 세워 지지함 |
| 7월 10일 | 30cm | 꽃봉오리가 보임 |
| 7월 20일 | 32cm | 꽃봉오리가 펼쳐짐 |
| 7월 30일 | 35cm | 꽃이 활짝 핌 |
| 8월 10일 | 40cm | 꽃이 많아짐 |

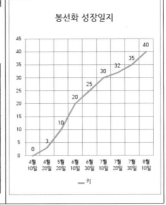

**오늘 배울 기능**

➡ **차트 삽입** : [입력] 탭-[차트]

➡ **차트 마법사** : 차트를 더블 클릭 후 [마우스 오른쪽 버튼]-[차트 마법사]

# 1 차트 작성에 필요한 표 데이터 작성하기

**01** '**식물성장보고서(예제).hwp**' 파일을 실행하고 아래쪽 표의 왼쪽 칸에 있는 '성장관찰일지' 글자 다음 줄에 커서를 놓고 [**입력**] **탭-[표(⊞)]**를 클릭해요.

**02** [표 만들기] 대화상자가 나타나면 줄 수와 칸 수를 지정하고 '**글자처럼 취급**'에 **체크**한 후 [만들기]를 클릭해요.

· ❶ 10 ❷ 3

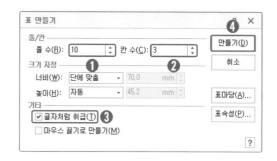

**03** 표가 만들어지면 다음과 같이 내용을 입력하고, 전체 셀을 블록 지정한 후 서식 도구 상자에서 글꼴, 정렬을 설정해요.

· 글꼴 '경기천년바탕 Bold', 가운데 정렬

💡 · 표 경계선을 드래그하여 너비를 조절해요.
　 · F5 를 3번 눌러 블록 지정 후 Ctrl + ↓ 를 눌러 높이를 조절해요.

| 날짜 | 키 | 특징 |
|---|---|---|
| 4월 10일 | 0 | 씨앗을 심음 |
| 4월 20일 | 3cm | 새싹이 보임 |
| 5월 20일 | 10cm | 3개의 싹이 나옴 |
| 6월 10일 | 20cm | 잎이 커짐 |
| 6월 30일 | 25cm | 대를 세워 지지함 |
| 7월 10일 | 30cm | 꽃봉오리가 보임 |
| 7월 20일 | 32cm | 꽃봉오리가 펼쳐짐 |
| 7월 30일 | 35cm | 꽃이 활짝 핌 |
| 8월 10일 | 40cm | 꽃이 많아짐 |

**04** 첫 번째 줄을 블록 지정하고 C 를 눌러요. [셀 테두리/배경] 대화상자가 나타나면 [**배경**] **탭**에서 채우기의 '**색**'을 선택하여 면 색을 지정하고 [설정]을 클릭해요.

· ❸ 남색(RGB:58,60,132) 40% 밝게

**05** 서식 도구 상자에서 글꼴과 글자 색을 설정해요.

· ❶ 경기천년제목 Bold ❷ 노랑(RGB:255,215,0)

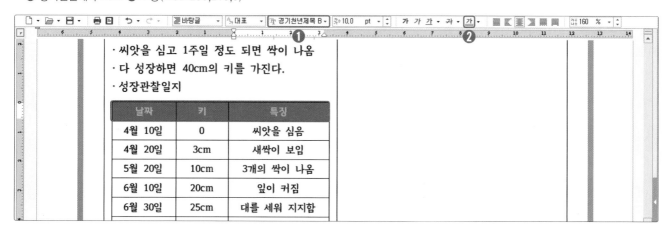

**01** 그림과 같이 첫 번째와 두 번째 칸을 모두 블록 지정하고 [표] 탭-[차트]를 클릭해요.

💡 삽입된 차트가 2페이지에 표시되지만 위치를 다시 배치할 거예요.

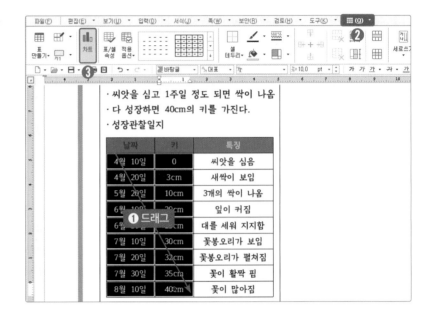

**02** 기본 차트가 만들어지면 더블 클릭하고 마우스 오른쪽 버튼을 눌러 바로 가기 메뉴에서 [차트 마법사]를 클릭해요.

💡 차트를 더블 클릭하여 편집 상태가 되어야 마우스 오른쪽 버튼을 눌렀을 때 차트와 관련된 바로 가기 메뉴가 표시돼요.

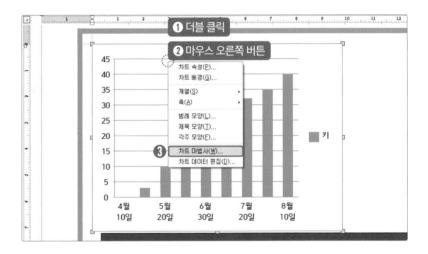

**03** [차트 마법사 - 3단계 중 1단계] 대화 상자가 나타나면 [표준 종류] 탭에서 차트 종류를 '꺾은선형'으로, 차트 모양 선택에서 **2번째 모양**을 선택한 후 [다음]을 클릭해요.

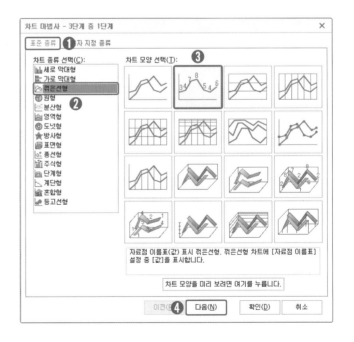

**04** [차트 마법사 –3단계 중 2단계] 대화상자에서 방향을 '**열**'로 선택하고 [다음]을 클릭해요.

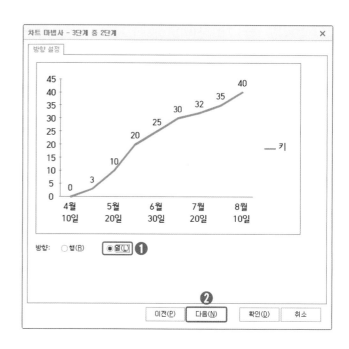

**05** [차트 마법사 – 마지막 단계] 대화상자의 [제목] 탭과 [눈금선] 탭에서 다음과 같이 지정해요.

· ❷ 봉선화 성장일지 ❹ X축 주 눈금선 ❺ Y축 주 눈금선

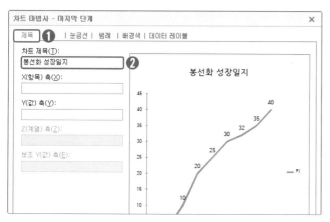
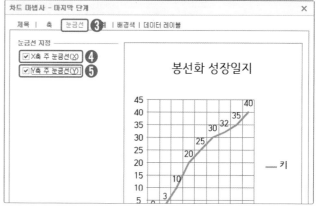

**06** 마지막으로 [범례] 탭에서 범례의 배치를 '**아래쪽**'으로 선택하고 [확인]을 클릭해요.

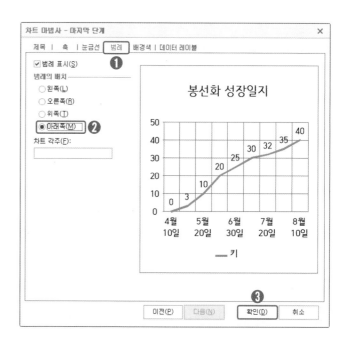

**07** [Esc]를 눌러 차트 선택을 해제하고 다시 차트를 클릭한 후 조절점을 드래그해 너비와 높이를 조절해요.

**08** 차트가 선택된 상태에서 [Ctrl]+[X]를 눌러 잘라내기 하고, 차트가 삽입될 셀 안에 커서를 놓은 후 [Ctrl]+[V]를 눌러 붙여넣기 해요.

🔅 차트의 크기를 셀의 너비와 높이에 맞게 한 번 더 조절해요.

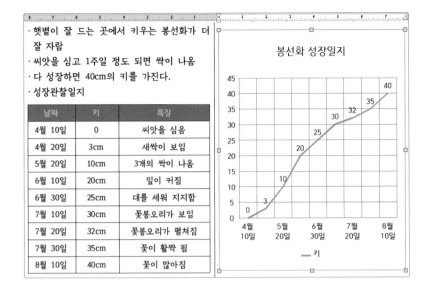

**09** 차트를 더블 클릭하여 차트 편집 상태가 되면 마우스 오른쪽 버튼을 클릭하고 바로 가기 메뉴에서 [축]-[이름표]를 선택해요. [축 이름표 선택] 대화상자가 나타나면 종류에서 '가로 항목 축'을 선택하고 [선택]을 클릭해요.

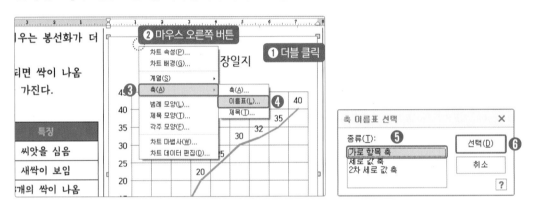

**10** [축 이름표 모양] 대화상자가 나타나면 [글자] 탭에서 글자 크기(7pt)를 지정하고 [설정]을 클릭해요.

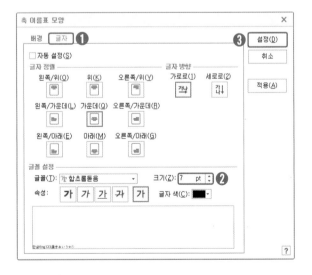

**11** 같은 방법으로 세로 값 축 이름표와 범례도 글자 크기를 '7pt'로 지정하여 보고서를 완성해요.

🔅 범례는 바로 가기 메뉴에서 [범례 모양]을 클릭하여 [범례 모양] 대화상자의 [글자] 탭에서 설정할 수 있어요.

**혼자서 뚝딱뚝딱**

1 표를 이용하여 작성 조건에 따라 차트를 만들어 문서를 완성해 보세요.

·실습파일 : 나이별 평균 성장(예제).hwp    ·완성파일 : 나이별 평균 성장(완성).hwp

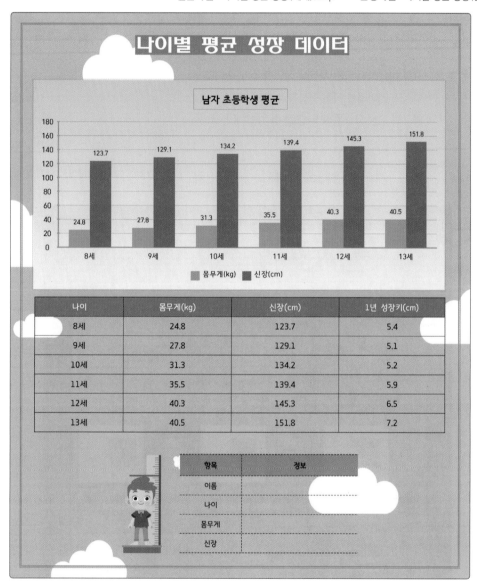

나이별 평균 성장 데이터

남자 초등학생 평균

| 나이 | 몸무게(kg) | 신장(cm) | 1년 성장키(cm) |
|------|-----------|----------|----------------|
| 8세 | 24.8 | 123.7 | 5.4 |
| 9세 | 27.8 | 129.1 | 5.1 |
| 10세 | 31.3 | 134.2 | 5.2 |
| 11세 | 35.5 | 139.4 | 5.9 |
| 12세 | 40.3 | 145.3 | 6.5 |
| 13세 | 40.5 | 151.8 | 7.2 |

| 항목 | 정보 |
|------|------|
| 이름 | |
| 나이 | |
| 몸무게 | |
| 신장 | |

**작성 조건**

| 차트 | 너비와 높이 조절, 글자처럼 취급 |
|------|-------------------------------|
| 차트 종류 | 세로 막대형, 차트 모양 : 두 번째 차트 모양 |
| 눈금선 | Y축 주 눈금선 |
| 범례 배치 | 아래쪽 |
| 차트 제목 | 진하게, [선 모양]의 종류 '한 줄로', 굵기 '1pt', 색 '검정(RGB:0,0,0) 50% 밝게' |
| 차트 배경 | [차트] 탭-[전체 배경]-[배경 – 연두색/노란색 그러데이션] |

# 15 로봇 캐릭터 카드 만들기

혜빛이는 친구들과 게임을 하기 위해 로봇 캐릭터 게임 카드를 만들어 보기로 했어요. 각 카드에 있는 캐릭터들의 능력을 한눈에 알기 쉽도록 차트를 이용하여 표현하려고 하는데요. 차트의 구성 요소들을 모두 삭제해 계열만 보이도록 만들어 볼까요?

**학습목표**
» 표를 이용하지 않고 차트를 삽입할 수 있습니다.
» 차트의 데이터를 직접 편집할 수 있습니다.
» 차트의 구성 요소를 모두 없앨 수 있습니다.

· 실습파일 : 로봇게임카드(예제).hwp 이미지 파일(로봇1~로봇6)   · 완성파일 : 로봇게임카드(완성).hwp

미리보기

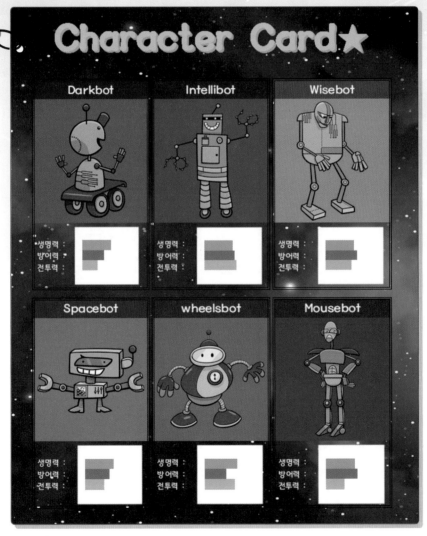

오늘 배울 기능

▶ **차트 데이터 편집** : [차트] 탭-[데이터 범위]-[데이터 편집]

▶ **차트 글자처럼 취급 설정** : [차트] 탭-[글자처럼 취급]

## 1 셀 크기에 맞추어 표에 그림 삽입하기

**01** '**로봇게임카드(예제).hwp**' 파일을 실행하고 첫 번째 카드의 두 번째 줄에 커서를 놓고 **[입력] 탭-[그림(  )]**을 클릭해요. **[15차시]** 폴더에서 '**로봇 1.png**'를 선택하고 '**글자처럼 취급**'과 '**셀 크기에 맞추어 삽입**'에 **체크**한 후 [넣기]를 클릭해요.

💡 셀에 커서가 위치해 있을 때만 '셀 크기에 맞추어 삽입'을 선택할 수 있어요. 단, 반드시 '글자처럼 취급'을 선택해야만 가능해요.

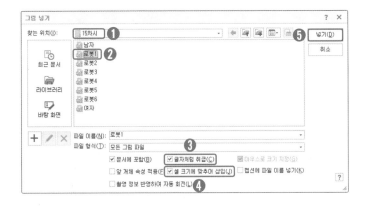

**02** 같은 방법으로 '**로봇2~로봇6.png**' 그림을 각 카드의 두 번째 줄에 삽입해요.

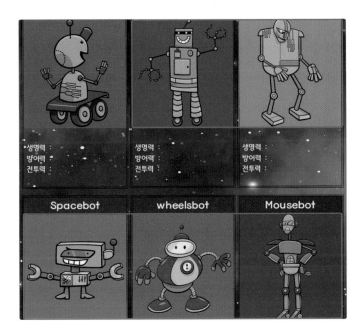

## 2 차트 삽입하고 구성 요소 지정하기

**01** 첫 번째 카드의 세 번째 줄, 두 번째 칸에 커서를 놓고 **[표] 탭-[차트]**를 선택해요.

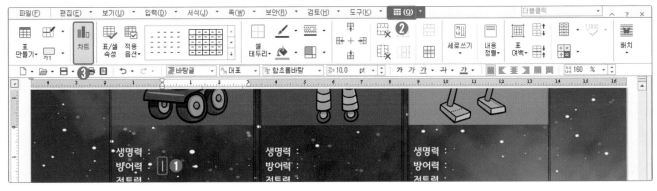

💡 [입력] 탭-[차트]를 클릭해도 차트를 삽입할 수 있어요.

**02** 차트가 삽입되면 차트가 선택된 상태에서 **[차트] 탭-[데이터 범위]-[데이터 편집]**을 클릭해요.

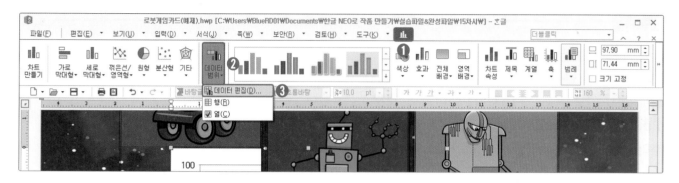

**03** [차트 데이터 편집] 대화상자가 나타나면 '**열 2**'를 클릭하고 **[선택한 열 지우기( )]**를 클릭하여 데이터 열을 삭제해요.

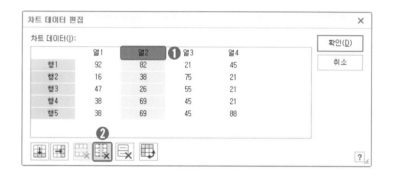

**04** 같은 방법으로 '**열3**'과 '**열4**'를 삭제하고 '**행 4**'와 '**행5**'는 **[선택한 행 지우기( )]**를 클릭하여 행을 삭제해요.

**05** 차트에 나타낼 데이터를 입력하고 [확인]을 클릭해요.

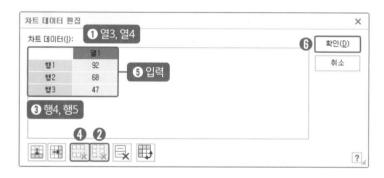

**06** 차트의 종류를 변경하기 위해 차트를 더블 클릭하여 편집 상태로 만든 후 마우스 오른쪽 버튼을 클릭하고 바로 가기 메뉴에서 **[차트 마법사]**를 클릭해요.

**07** [차트 마법사 – 3단계 중 1 단계] 대화상자가 나타나면 **[표준 종류] 탭**에서 차트 종류를 '**가로 막대형**'으로, 차트 모양 선택에서 **첫 번째 모양**을 선택한 후 [다음]을 클릭해요.

**08** [차트 마법사 – 3단계 중 2단계] 대화상자에서 방향을 '**행**'으로 지정한 후 [다음]을 클릭해요.

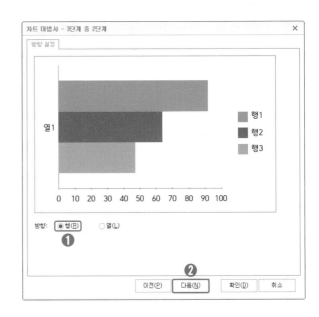

**09** [차트 마법사 – 마지막 단계] 대화상자의 **[축] 탭**에서 '**X(항목) 축**'과 '**Y(값) 축**'을 **선택 해제**해요. **[범례] 탭**에서 '**범례 표시**'를 **선택 해제**한 후 [확인]을 클릭해요.

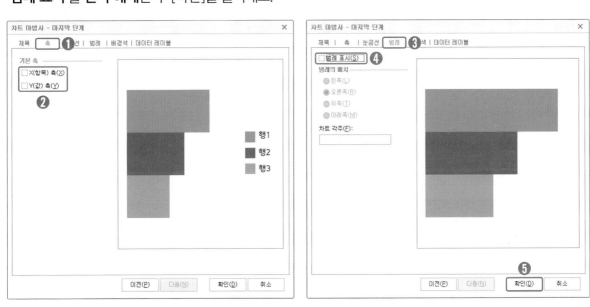

**10** 차트 편집 상태에서 마우스 오른쪽 버튼을 클릭하고 바로 가기 메뉴에서 **[차트 배경]**을 선택해요.

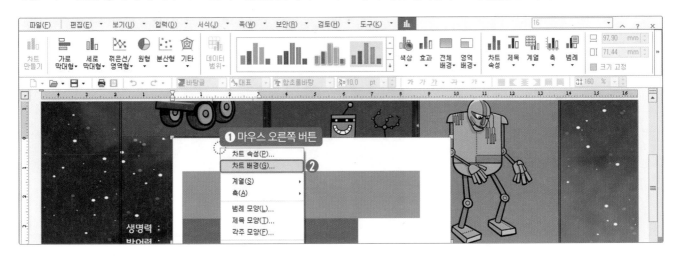

**11** [차트 배경] 대화상자가 나타나면 **[배경] 탭**의 '**선 모양**' 항목의 종류를 '**없음**'으로 지정하고 [설정]을 클릭해요.

**12** [Esc]를 누르고 다시 차트를 선택하여 **[차트] 탭-[글자처럼 취급]**을 클릭한 후, 조절점을 드래그하여 차트 크기를 조절해요.

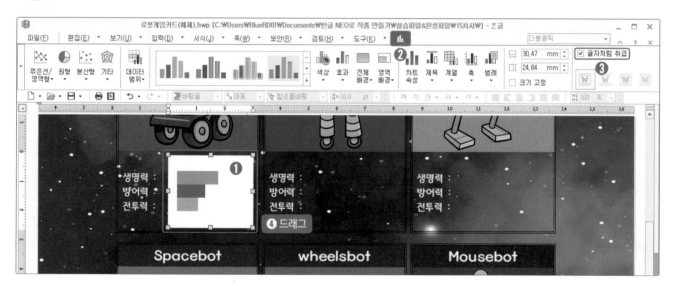

**13** 완성된 차트를 [Ctrl]+드래그하여 그림 처럼 다른 셀 안에 복사하여 배치해요. 복사 된 차트는 **[차트] 탭-[데이터 범위]-[데이 터 편집]**을 클릭해 숫자를 변경하고 [확인] 을 클릭해요.

- 차트를 [Ctrl]+드래그로 복사할 때에는 셀에 표 시되는 커서 위치를 잘 확인해요.
- [Ctrl]+[C]로 복사한 후 커서를 셀 안에 놓고 [Ctrl]+[V]를 이용해도 돼요.

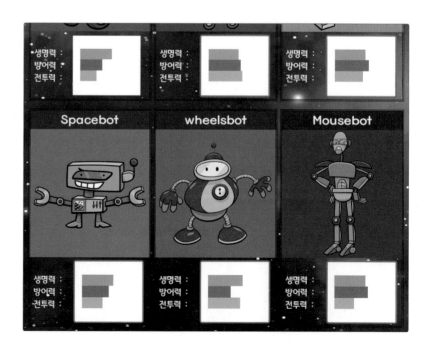

혼자서 뚝딱 뚝딱

**1** 그림과 차트를 삽입하고 작성 조건에 따라 문서를 만들어 보세요.

• **실습파일** : 학년별학생수(예제).hwp, 이미지 파일(남자, 여자)    • **완성파일** : 학년별학생수(완성).hwp

## 용문초등학교 학년별 남녀 학생 수

| 학년 | 남자 | 여자 |
|------|------|------|
| 1학년 | 67 | 66 |
| 2학년 | 69 | 65 |
| 3학년 | 73 | 70 |
| 4학년 | 66 | 62 |
| 5학년 | 68 | 69 |
| 6학년 | 63 | 60 |
| 합계 | 406 | 392 |

1학년     2학년

3학년     4학년

5학년     6학년

 작성 조건

| 그림 | 위치(글 앞으로, 가로/세로 : 종이) |
|------|------|
| 차트 | 차트 종류 '원형', 차트 모양 '8번째 모양', 글자처럼 취급 |
| 차트 배경 | 선 모양 '종류(없음)' |
| 축 이름표 | 글자 크기 '14pt' |

#바탕쪽 #다단 #단 나누기 #문단 첫 글자 장식

# 16 조선의 탄생, 역사 신문 만들기

역사 속 사건을 신문으로 만드는 숙제를 하게 된 서준이! 바탕쪽 기능을 활용하여 배경을 꾸미고 신문처럼 보이도록 단을 나눠보고 싶었어요. 한글 2016에서 제공하는 다양한 기능들을 이용하여 역사 신문을 만들어 볼까요?

**학습목표**
» 바탕쪽 기능을 이용해 문서 전체의 배경을 만들 수 있습니다.
» 문서를 여러 개의 단으로 나누어 편집할 수 있습니다.
» 문단 첫 글자를 장식할 수 있습니다.

· 실습파일 : 역사신문(예제).hwp, 이미지 파일(역사신문_배경, 태조)   · 완성파일 : 역사신문(완성).hwp

**미리보기**

## 역사일보 : 조선의 탄생

**조**선이 세워지기 전 고려말기 시대 상황은 북으로는 14세기 명나라가 원나라를 차지하기 위해 혼란하였고, 남으로는 왜구들의 끊임없는 노략질로 백성들이 많은 피해를 보고있는 혼란한 상황이었다.

조선은 1392년부터 1910년까지 518년간 27대에 걸쳐 집권했던 왕조로 이성계가 신흥사대부 세력과 힘을 합해 세운 나라이다.

이성계는 355년 이자춘의 둘째 아들로 태어났다. 이성계는 어려서부터 총명하였으며, 활을 잘 쏘는 것으로 이름을 날렸다. 고려말 공민왕의 반원정책에 힘입어 최명 장군과 함께 원나라 군사를 토벌하는데 큰 공을 세워 이를 계기로 태조 이성계는 세력을 넓혀갔고 전라도 일대의 왜구를 격퇴시켰을 뿐만아니라 오랑캐를 물리치는 등 승승장구하였다.

1392년 4월 정도전, 조준, 남은, 이방원 등의 추대를 받아 임금이 되었으며 국호를 단군조선을 이어간다는 뜻에서 조선으로 지었다. 서울을 한양으로 옮길 것을 계획하였고 불교를 배척하고 유교를 숭상하는 숭유억불 정책을 펴나갔다.

태조 이성계는 부인 8명, 자녀 8남 5녀로 왕후 한씨에게서 6남 2녀를 두었으며 이 중 둘째 아들 정종, 다섯째 아들 태종이다. 태조 이성계를 도와 가장 많은 공을 세운 방원이 왕세자 책봉에 불만이 많았고 정도전의 세력이 커가는 것을 지켜볼 수만은 없었다. 그리하여 난을 일으켜 정도전, 남은 등을 제거하게 된다.

왕자의 난을 계기로 태조 이성계는 강원도 오대산으로 들어가 버렸다. 태종 이방원이 그를 설득하여 옥새를 얻고 궁궐에서 지내도록 노력하였으나 무산되었다. 하지만 결국 이방원을 임금으로 인정하고 무학대사와 함께 불교에 정진하며 1408년에 세상을 떠난다.

이서준(s_jun@history.com) 기자

**오늘 배울 기능**

➤ **바탕쪽** : [쪽] 탭-[바탕쪽]
➤ **단** : [쪽] 탭-[단]
➤ **단 나누기** : [쪽] 탭-[단 나누기]([Ctrl]+[Shift]+[Enter])
➤ **문단 첫 글자 장식** : [서식] 탭-[문단 첫 글자 장식]

**1** 바탕쪽으로 문서 배경 꾸미기

**01** '**역사신문(예제).hwp**' 파일을 실행하고 바탕쪽에 배경을 삽입하기 위해 [**쪽**] 탭-[**바탕쪽**]을 클릭해요.

**02** [바탕쪽] 편집 상태에서 그림을 삽입하기 위해 [**입력**] 탭-[**그림(**🖼️**)**]을 클릭해요. [그림 넣기] 대화상자가 나타나면 [**16차시**] 폴더에서 '**역사신문_배경.png**'를 선택하고 '**마우스로 크기 지정**'에 **체크**한 후 [**넣기**]를 클릭해요.

**03** 마우스 포인터가 '╋' 모양으로 바뀌면 종이 전체 크기에 맞도록 드래그하여 그림을 삽입해요.

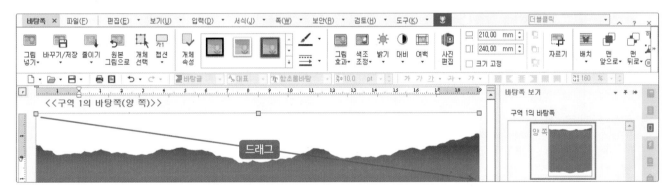

💡 종이 전체가 표시되도록 화면을 축소한 후 그림을 종이 크기에 맞춰 드래그해요.

**04** 본문 편집 창으로 돌아가기 위해 [**바탕쪽**] 탭-[**닫기**]를 클릭해요.

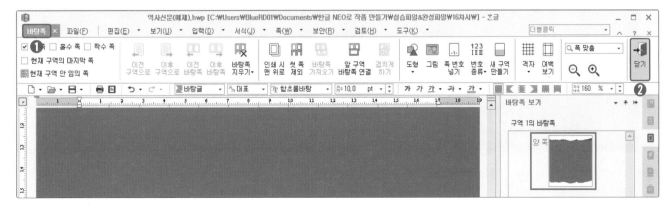

## 2 다단 설정하기

**01** 본문 편집 창으로 돌아오면 제목을 제외한 본문 전체를 블록 지정하고 서식 도구 상자에서 글자 색을 지정해요.

- **③** 하양(RGB:255,255,255)

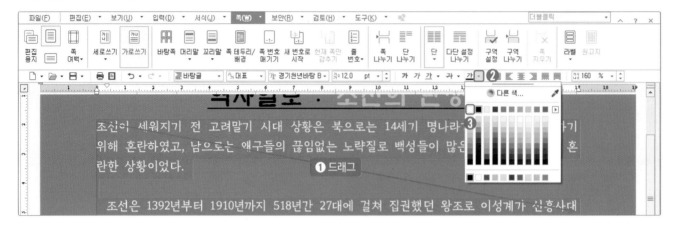

**02** 다단을 설정하기 위해 다시 제목을 제외한 본문 전체가 블록 지정된 상태에서 [쪽] 탭-[단]-[둘]을 클릭해요.

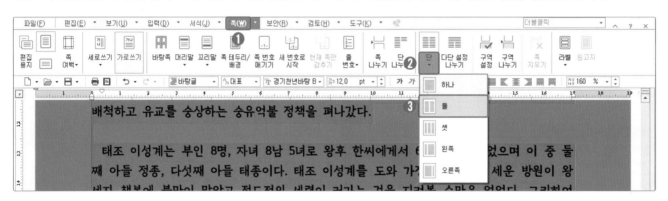

**03** 단이 두 개로 나누어진 것을 확인하고, 네 번째 문단의 시작 부분에 커서를 놓고 [쪽] 탭-[단 나누기]를 클릭해요.

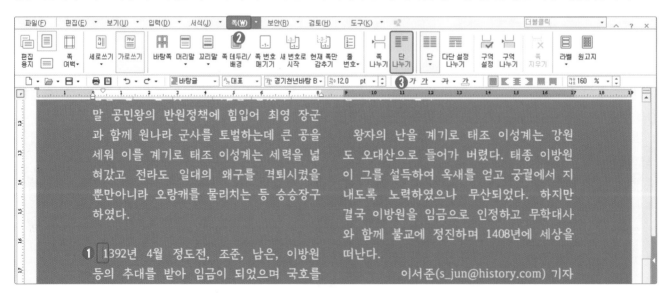

🔦 단 나누기를 실행하면 커서가 위치한 부분의 텍스트가 다음 단으로 넘어가요.

## ③ 문단 첫 글자 장식하고 그림 삽입하기

**01** 본문 첫 번째 문단 안에 커서를 놓고 [서식] 탭-[문단 첫 글자 장식(가)]을 클릭해요.

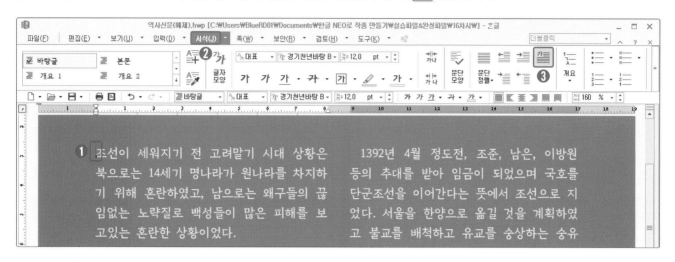

**02** [문단 첫 글자 장식] 대화상자가 나타나면 모양, 글꼴, 면 색을 지정하고 [설정]을 클릭해요.

• ❶ 2줄 ❷ 궁서체 ❸ 남색(58,60,132)

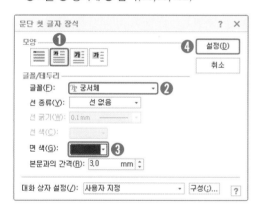

**03** 문단 첫 글자 장식이 삽입되면 '조' 글자만 블록 지정하고 서식 도구 상자에서 글자 색을 지정해요.

• ❷ 노랑(RGB:255,215,0)

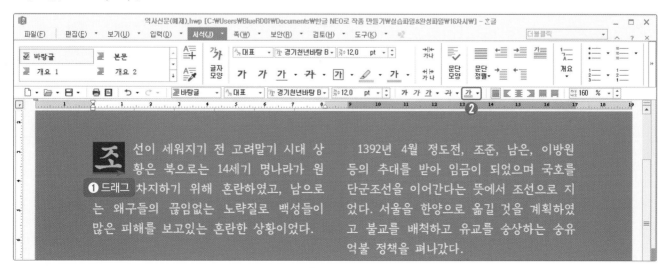

**04** 그림을 삽입하기 위해 **[입력] 탭-[그림( )]**을 클릭하여 [그림 넣기] 대화상자가 나타나면 **[16차시] 폴더**에서 '**태조.png**'를 선택하고 '**마우스로 크기 지정**'에 **체크**한 후 [넣기]를 클릭해요.

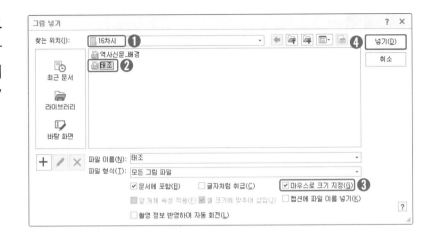

**05** 마우스 포인터가 '**+**' 모양으로 바뀌면 드래그하여 세 번째 문단에 삽입해요.

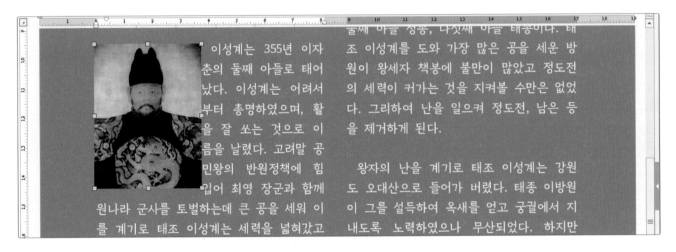

**06** 그림이 삽입되면 그림을 더블 클릭해요. [개체 속성] 대화상자가 나타나면 **[기본] 탭**과 **[여백/캡션] 탭**에서 다음과 같이 지정한 후 [설정]을 클릭해요.

- ❷ 너비 '35mm', 높이 '46mm' ❸ 가로('문단'의 '왼쪽' 기준 '0mm'), 세로('문단'의 '위' 기준 '0mm') ❺ 왼쪽/오른쪽/위쪽/아래쪽 '2mm'

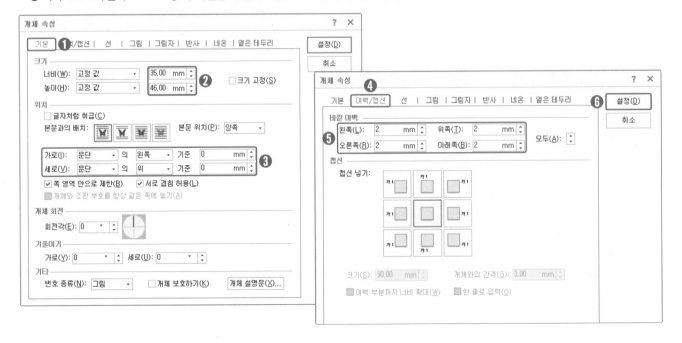

혼자서 뚝딱 뚝딱

**1** 바탕쪽과 다단, 문단 첫 글자 장식하기 기능을 이용하여 작성 조건에 따라 가족 신문을 만들어 보세요.

· 실습파일 : 가족신문(예제).hwp, 가족신문_배경.png    · 완성파일 : 가족신문(완성).hwp

### 🧭 작성 조건

| | |
|---|---|
| 바탕쪽 | · 가족신문_배경.png 삽입<br>· 글상자 : 선 종류 '선 없음', 곡률 '5%', 면 색 '하양(RGB:255,255,255)' |
| 다단 | 단 개수 '2', 구분선 넣기, 단 나누기 |
| 문단<br>첫 글자<br>장식 | 모양 '3줄', 글꼴 '경기천년제목 Medium', 면 색 '초록(RGB:40,155,110)', 글자 색 '하양(RGB:255,255,255)' |

### 💡 구분선 넣기

[쪽] 탭-[단(▤)]을 클릭해요. [단 설정] 대화상자가 나타나면 단 개수, 구분선 넣기를 설정해요.

# 17 고민이 있다면? 예언이 담긴 책 만들기

승현이는 TV에서 고민에 대한 해답을 알려주는 책을 보고 친구들과 함께 직접 만들어 보기로 했어요. 진짜 책을 만들려고 하니 너무 어렵고 복잡할 것 같더라고요. 한글 2016에 책갈피와 하이퍼링크 기능을 이용하면 원하는 위치로 쉽게 이동할 수 있다고 배웠던 것을 기억해 냈어요. 한 번 만들어 볼까요?

**학습목표**

» 문서에 쪽 번호를 매기고 쪽 번호를 감출 수 있습니다.

» 쪽을 강제로 나누어 문서의 내용을 정리할 수 있습니다.

» 책갈피를 지정해 위치를 지정할 수 있습니다.

» 하이퍼링크로 책갈피 위치로 이동할 수 있습니다.

· 실습파일 : 예언 책(예제).hwp    · 완성파일 : 예언 책(완성).hwp

미리보기

당신의 고민을 생각하세요.

1 2 3 4
5 6 7 8

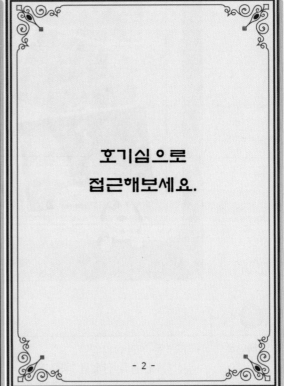

호기심으로
접근해보세요.

- 2 -

**오늘 배울 기능**

➡ **쪽 번호** : [쪽] 탭-[쪽 번호 매기기]((Ctrl)+(N), (P))

➡ **감추기** : [쪽] 탭-[현재 쪽만 감추기]((Ctrl)+(N), (S))

➡ **쪽 나누기** : [쪽] 탭-[쪽 나누기]((Ctrl)+(Enter))

➡ **책갈피** : [입력] 탭-[책갈피]((Ctrl)+(K), (B))

➡ **하이퍼링크** : [입력] 탭-[하이퍼링크]((Ctrl)+(K), (H))

# ① 쪽 번호 매기기

**01** '예언 책(예제).hwp' 파일을 실행하고 쪽 번호를 매기기 위해 [쪽] 탭-[쪽 번호 매기기]를 클릭해요.

**02** [쪽 번호 매기기] 대화상자가 나타나면 쪽 번호 위치와 모양을 다음과 같이 설정하고 [넣기]를 클릭해요.

• ❶ 가운데 아래 ❷ 1, 2, 3(줄표 넣기)

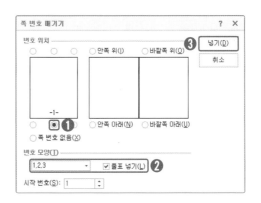

**03** 1페이지의 쪽 번호를 보이지 않도록 설정하기 위해 1페이지에 커서를 놓은 후 **[쪽] 탭-[현재 쪽만 감추기]**를 클릭해요.

**04** [감추기] 대화상자가 나타나면 감출 내용에서 '**쪽 번호**'를 선택하고 [설정]을 클릭해요. 1페이지의 쪽 번호가 사라진 것을 확인해요.

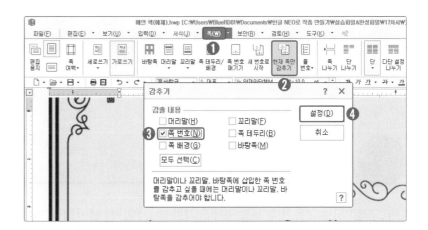

**05** Page Down 을 눌러 2페이지로 커서를 이동하고 두 번째 문장 앞에 커서를 놓은 후 **[쪽] 탭-[쪽 나누기]**를 클릭해요.

• Ctrl + Enter 를 눌러도 쪽 나누기를 실행할 수 있어요.
• 쪽 나누기를 실행하면 커서가 있는 문단 이후의 내용이 모두 다음 페이지로 넘어가요.

**06** 같은 방법으로 각각의 문장 앞에 커서를 놓고 Ctrl+Enter를 눌러 한 페이지에 한 개의 문장만 있도록 지정하여 문서가 총 9페이지가 되도록 해요.

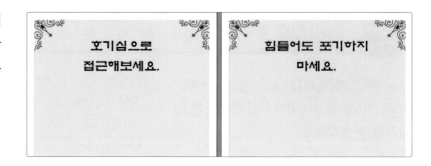

**07** 각 페이지의 문장 앞에 커서를 놓고 Enter를 4번씩 눌러 문장이 페이지의 중앙에 배치되도록 해요.

🔆 [화면 확대]-[쪽 맞춤]을 선택한 후 설정해요. 쪽 맞춤은 화면의 크기에 맞춰 한 페이지 전체를 볼 수 있어 쉽게 설정할 수 있어요.

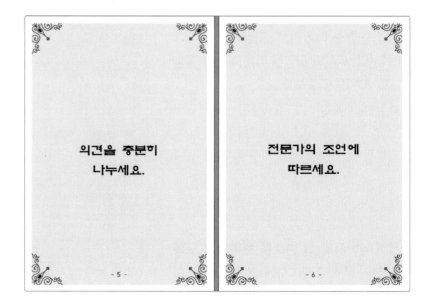

## 2 책갈피 만들고 하이퍼링크 지정하기

**01** 2페이지로 이동한 후 문장 앞에 커서를 놓고 [입력] 탭-[책갈피]를 클릭해요.

**02** [책갈피] 대화상자가 나타나면 책갈피 이름에 "1"을 입력하고 [넣기]를 클릭해요.

**03** 같은 방법으로 3페이지~9페이지의 문장 앞에 커서를 넣고, 책갈피를 삽입해요. 책갈피 이름은 각각 '**2, 3, 4, 5, 6, 7, 8**'로 지정해요.

**04** Ctrl+Page Up을 눌러 1페이지로 이동한 후 '**1**' 그림을 클릭하고 **[입력] 탭-[하이퍼링크]**를 클릭해요.

**05** [하이퍼링크] 대화상자가 나타나면 연결 대상에서 책갈피 목록 중 '1'을 선택하고 [넣기]를 클릭해요.

**06** 같은 방법으로 '**2~8**' 숫자 그림도 책갈피의 동일한 번호로 하이퍼링크를 지정해요.

💡 Alt+클릭을 이용하면 하이퍼링크가 지정된 개체를 선택할 수 있어요.

**07** 하이퍼링크가 지정된 그림에 마우스 포인터를 가져가면 마우스 포인터가 '👆' 모양으로 변경돼요. 클릭하면 연결된 책갈피로 이동해요.

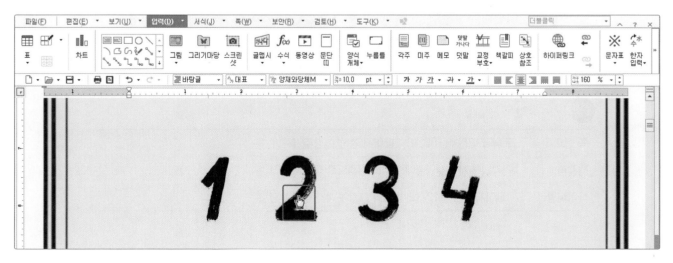

## 혼자서 뚝딱뚝딱

**1** 쪽 번호, 책갈피, 하이퍼링크 기능을 이용하여 작성 조건에 따라 문서를 완성해 보세요.

· 실습파일 : 별자리운세(예제).hwp　　· 완성파일 : 별자리운세(완성).hwp

 작성 조건

| 쪽 번호 | 로마자 대문자(Ⅰ,Ⅱ,Ⅲ), 1페이지 쪽 번호 감추기 |
| --- | --- |
| 책갈피 | 각각의 별자리 설명글에 별자리 이름으로 책갈피 삽입 |
| 하이퍼링크 | 1페이지에 있는 12개의 별자리 그림에 각각 책갈피 연결 |

# 18 친구야 어서와, 생일 초대장 만들기

생일이 한 달 뒤로 다가온 나은이는 생일 초대장을 만들어 친구들에게 주고 싶었어요. 문자나 메신 저보다 직접 예쁘게 만든 초대장을 주면 친구들이 더 좋아할 것 같았거든요. 그런데 같은 내용에 이름만 바뀐 문서를 계속 만들어야 할까요? 이름만 자동으로 입력할 수 있는 방법은 없을까요?

**학습목표**

» 인터넷 지도를 스크린 샷으로 캡처하여 문서에 삽입할 수 있습니다.

» 메일 머지 표시 달기로 입력란을 표시할 수 있습니다.

» 메일 머지 만들기로 여러 사람들에게 보내는 문서를 하나의 문서로 만들 수 있습니다.

**· 실습파일** : 생일초대장(예제).hwp **· 완성파일** : 생일초대장(완성).hwp

미리보기

**오늘 배울 기능**

➡ **스크린 샷** : [입력] 탭-[스크린 샷]

➡ **메일 머지 표시 달기** : [도구] 탭-[메일 머지]-[메일 머지 표시 달기]([Ctrl]+[K], [M])

➡ **메일 머지 만들기** : [도구] 탭-[메일 머지]-[메일 머지 만들기]([Alt]+[M])

**01** 인터넷을 실행하고 주소 표시줄에 "map.naver.com"을 입력한 후 [Enter]를 눌러요.

**02** 검색어 입력란에 원하는 검색어를 입력하고 [Enter]를 눌러요. 검색 결과가 나타나면 원하는 곳을 선택하고 마우스 휠을 이용해 적당한 크기로 확대해요.

**03** '생일초대장(예제).hwp' 파일을 실행하고 [입력] 탭-[스크린 샷]을 클릭해요.

**04** [스크린 샷] 대화상자가 나타나면 '마우스로 크기 지정'에 체크하고 [화면 캡처]를 클릭해요.

**05** 현재 실행 중인 인터넷 창이 활성화되면서 캡처를 할 수 있는 상태가 되면 검색한 장소를 포함하여 드래그해요.

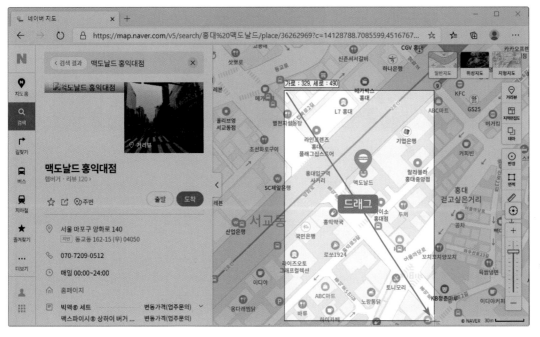

화면에 표시되는 크기를 보면서 가로 330, 세로 490 정도로 캡처해요.

**06** 캡처가 완료되면 다시 한글 창이 활성화돼요. 마우스 포인터가 '＋' 모양으로 바뀐 것을 확인하고 흰 배경에 맞춰 드래그하여 캡처한 그림을 삽입해요.

🔍 흰색 배경보다 작으면 조절점을 이용해 키워주고, 크면 자르기 기능을 이용해 잘라주세요.

**07** 그림 배치를 변경하기 위해 배경 그림을 선택하고 **[그림] 탭-[배치]-[글 앞으로]**를 클릭해요.

🔍 그림이 위로 올라오지 않으면 삽입한 지도 그림을 선택하고 [그림] 탭-[배치]-[글 뒤로]를 클릭해요

 **2 메일 머지 표시 달고 메일 머지 만들기**

**01** 왼쪽 글상자 안에 다음과 같이 글자를 입력하고, 각각
의 글자 색을 변경해요.

- RGB:110,110,255
- RGB:255,132,58
- RGB:255,215,0
- RGB:157,220,41
- RGB:230,54,142
- RGB:246,73,0
- RGB:36,200,255
- RGB:65,208,65

🔍 글자 색은 자유롭게 지정해도 좋아요.

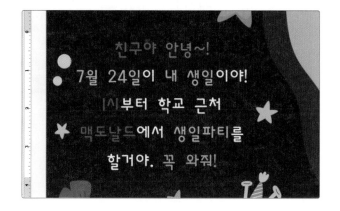

**02** '친' 글자 앞에 커서를 놓고 [도구] 탭-[메일 머지]-[메일 머지 표시 달기]를 클릭해요.

**03** [메일 머지 표시 달기] 대화상자가 나타나면 [필드 만들기] 탭에서 필드 번호 "1"을 입력한 후 [넣기]를 클릭해요.

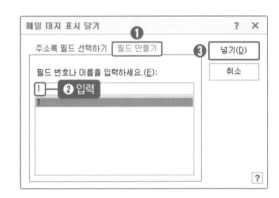

**04** 커서 위치에 필드 번호({{1}})가 삽입돼요.

**05** 메일 머지로 사용할 친구 명단을 만들기 위해 서식 도구 상자에서 [새 문서(🗋)]를 클릭해요. 새 문서 창이 열리면 첫 줄에 "1"을 입력하고 다음과 같이 친구들의 이름을 입력해요.

**06** 서식 도구 상자에서 [저장하기(💾)]를 클릭해요. [다른 이름으로 저장하기] 대화상자가 나타나면 저장할 위치를 지정하고 파일 이름에 "**초대명단**"을 입력한 후 [저장]을 클릭해요.

💡 • 책에서는 [18차시] 폴더에 저장했어요.
　　• 저장이 완료되면 '닫기(✖)'를 클릭하여 문서를 닫아요.

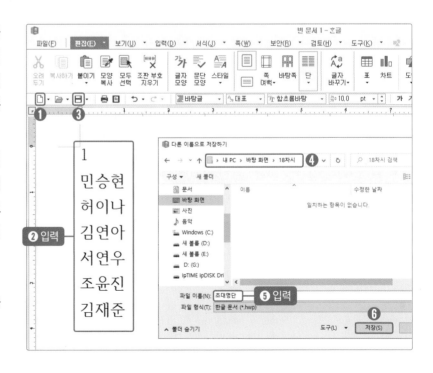

**07** 다시 '생일초대장(예제).hwp' 문서에서 [도구] 탭-[메일 머지]-[메일 머지 만들기]를 클릭해요.

**08** [메일 머지 만들기] 대화상자가 나타나면 자료 종류에서 '**흔글 파일**'을 선택하고 '**파일 선택(📁)**' 아이콘을 클릭해요. [흔글 파일 불러오기] 대화상자에서 방금 저장한 '**초대명단.hwp**'를 선택하고 [열기]를 클릭해요. 다시 [메일 머지 만들기] 대화상자에서 출력 방향을 '**화면**'으로 지정한 후 [확인]을 클릭해요.

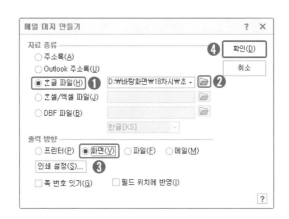

**09** [미리 보기] 창이 나타나면서 입력한 이름들이 메일 머지 표시를 단 곳에 포함되어 문서가 만들어진 것을 확인할 수 있어요.

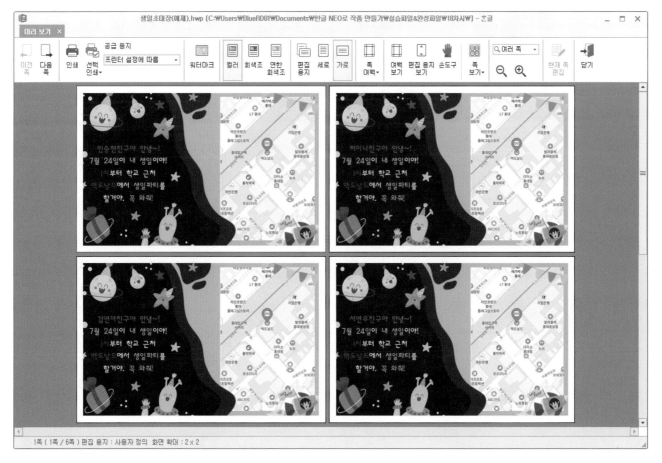

## 1  메일 머지 기능을 이용하여 작성 조건에 따라 여행 엽서를 완성해 보세요.

• 실습파일 : 휴가엽서(예제).hwp, 엽서명단.hwp    • 완성파일 : 휴가엽서(완성).hwp, 휴가엽서(결과).hwp

 작성 조건

| | |
|---|---|
| 메일 머지 표시 달기 | 이름과 주소, 전화번호 데이터가 들어갈 곳에 각각 '1', '2', '3' 지정 |
| 엽서명단.hwp | 첫 줄에 "3" 입력 |
| 메일 머지 | 출력 방향 '파일', 저장 경로 [18차시] 폴더 |

# 19 새학기 이름표 만들기

희율이는 신학기가 되어 스티커로 이름표를 만들어 학용품에 붙일 수 있도록 만들어 보려고 해요. 또, 친구들 이름도 넣어서 선물로 주고 싶었죠. 하지만 스티커 크기에 딱 맞추려면 어떻게 해야 할지 고민에 빠졌어요. 라벨 문서와 누름틀을 이용해 라벨지에 쉽게 인쇄할 수 있는 문서를 만들어 볼까요?

**학습목표**
» 라벨 문서 기능을 활용하여 만들고, 라벨지에 인쇄할 수 있습니다.
» 누름틀을 활용해 편리하게 글자를 입력할 수 있습니다.
» 여러 개의 개체를 하나의 개체로 묶을 수 있습니다.

• **실습파일** : 이미지 파일(이름표1~이름표3)    • **완성파일** : 이름표(완성).hwp

▶ **라벨 삽입** : [쪽] 탭-[라벨]-[라벨 문서 만들기]

▶ **누름틀 삽입** : [입력] 탭-[누름틀]

▶ **개체 묶기** : 개체 선택 후 [도형] 또는 [그림] 탭-[그룹]-[개체 묶기]([Ctrl]+[G])

**01** 한글 2016을 실행하고 라벨 문서를 설정하기 위해 **[쪽] 탭-[라벨]-[라벨 문서 만들기]**를 클릭해요.

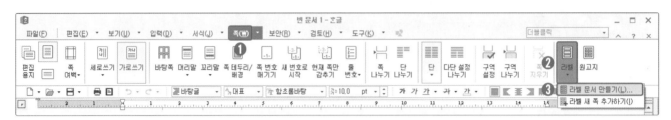

**02** [라벨 문서 만들기] 대화상자가 나타나면 **[라벨 문서 꾸러미] 탭**에서 **[Formtec A4 size]**를 클릭하고 '**2112-분류용라벨(12칸)**'을 선택한 후 [열기]를 클릭해요.

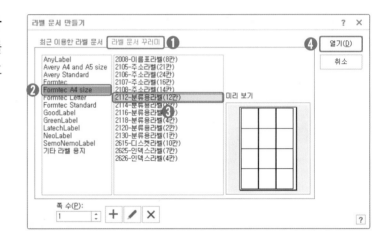

**03** 표가 만들어지면 F5를 3번 눌러 표 전체를 블록 지정하고 **[표] 탭-[내용 정렬]-[셀 정렬]-[셀 가운데 정렬]**을 클릭해요.

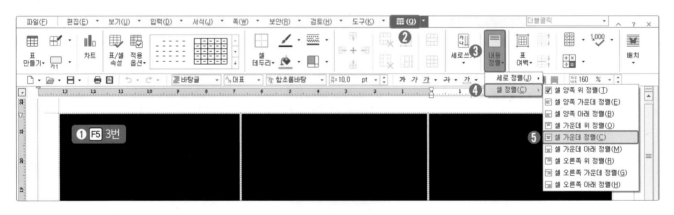

**04** 첫 번째 줄, 첫 번째 칸에 커서를 놓고 **[입력] 탭-[그림(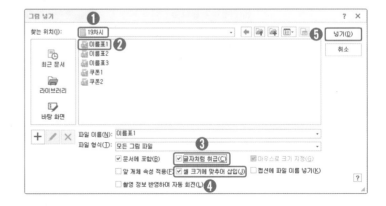)]**을 클릭해요. [그림 넣기] 대화상자가 나타나면 **[19차시]** 폴더에서 '**이름표1.png**'를 선택하고 '**글자처럼 취급**', '**셀 크기에 맞추어 삽입**'에 **체크**한 후 [넣기]를 클릭해요.

**05** 같은 방법으로 '이름표2.png', '이름
표3.png' 그림을 첫 번째 줄의 두 번째 칸
과 세 번째 칸에 각각 추가해요.

 **2 누름틀 삽입하고 셀 복사하기**

**01** [입력] 탭-[가로 글상자(▤)]를 클릭해 그림과 같이 삽입하고 서식 도구 상자에서 글꼴, 글자 크기, 정렬을 지정
해요.

- ❷ 양재참숯체B ❸ 12pt ❹ 가운데 정렬

**02** 글상자 안에 커서를 놓고 [입력] 탭-[누름틀(▭)]을 클릭해요. 누름틀이 삽입되면 빨간색 글자가 표시돼요.

**03** 글상자를 더블 클릭하여 [개체 속성] 대화상자가 나타나면 **[선] 탭**과 **[채우기] 탭**에서 선 종류와 채우기 색을 지정
하고 [설정]을 클릭해요.

- ❷ 선 없음 ❹ 색 채우기 없음

**04** 글상자 테두리를 선택하고 Ctrl+드래그하여 아래쪽에 복사한 후 각각의 글상자에 이름, 학교, 학년, 반을 다음과 같이 입력해요.

💡 글상자 테두리를 클릭하고 조절점을 이용해 높이와 위치를 조절해요.

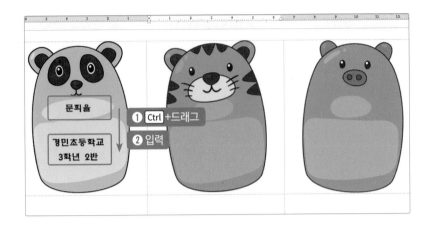

**05** Shift+클릭으로 글상자 두 개를 모두 선택하고 Ctrl+Shift+드래그하여 오른쪽으로 두 번 복사해 그림과 같이 배치해요.

**06** 다시 글상자 2개와 그림을 Shift+클릭하여 모두 선택하고 [도형] 탭-[그룹]-[개체 묶기]를 클릭해요. 개체 묶기 실행 여부 팝업창이 나타나면 [실행]을 클릭해요.

💡 글상자는 그려지는 위치 때문에 글자처럼 취급을 지정하지 않았어요. 그래서 개체 묶기를 실행하면 그림에 지정되어 있던 글자처럼 취급은 자동으로 해제돼요.

**07** 묶인 개체가 선택된 상태에서 바로 [도형] 탭-[글자처럼 취급]을 클릭하고 Ctrl+X를 눌러 잘라내기 한 후 다시 첫 번째 셀에 커서를 놓고 Ctrl+V를 눌러 붙여넣어요.

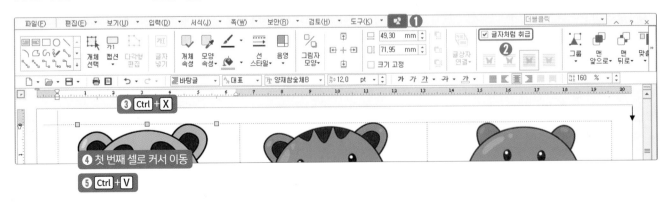

**08** 같은 방법으로 두 번째 칸과 세 번째 칸에 있는 그림과 글상자도 각각 개체 묶기와 글자처럼 취급을 지정해요.

**09** 표의 첫 번째 줄 전체를 블록 지정하고 Ctrl+C를 눌러 복사한 후 두 번째 줄 첫 번째 칸에 커서를 놓고 Ctrl+V를 눌러요. [셀 붙이기] 대화상자가 나타나면 '**덮어쓰기**'를 선택하고 [붙이기]를 클릭해요.

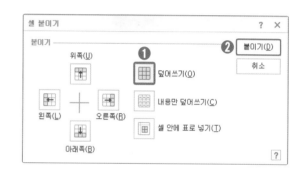

**10** 세 번째, 네 번째 줄에도 같은 방법으로 붙여넣기해요. 서식 도구 상자에서 '**미리 보기(🖼)**'를 클릭해 제대로 만들어졌는지 확인해요. 완성된 파일은 **[파일] 메뉴-[저장하기]**를 클릭해 파일로 저장해요.

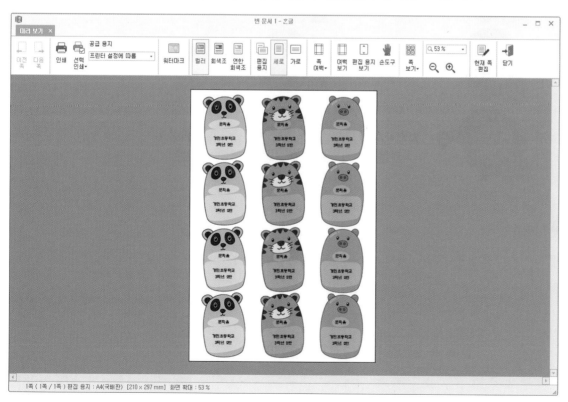

💡 • [인쇄]를 클릭하면 인쇄를 할 수 있어요. 미리 라벨 용지를 프린터에 넣은 후 인쇄하세요.
  • 누름틀에 입력된 글자를 삭제하고 다른 이름으로 저장한 후 친구에게 이름표 파일을 선물해도 좋아요.

혼자서 뚝딱뚝딱

**1** 새 문서에서 라벨 만들기 기능을 이용하여 작성 조건에 따라 쿠폰북을 완성해 보세요.

• 실습파일 : 이미지 파일(쿠폰1, 쿠폰2)　　• 완성파일 : 쿠폰북(완성).hwp

작성 조건

| 라벨 | [라벨 문서 꾸러미]-[AnyLabel]-[형광 칼라 라벨(14칸)-V3810] |
|---|---|
| 그림 | • '쿠폰1.png', '쿠폰2.png' 삽입<br>• 글자처럼 취급 |
| 글상자 | • 선 없음, 색 채우기 없음<br>• 글꼴 '문체부 훈민정음체', 글자 크기 '18pt', 가운데 정렬<br>• 누름틀 삽입 |

# 20 박물관에 다녀왔어요! 견학 보고서 만들기

국립중앙박물관에 견학을 다녀온 지윤이는 주제를 정해 견학 보고서를 작성해야 해요. 우리나라 도자기로 주제를 정하고 내용을 입력한 후 느낀 점을 써야 하는 반복된 작업을 해야 해요. 인터넷 자료를 문서에 정리하고 반복된 서식을 빠르게 적용할 수 있는 스타일 기능을 활용해 견학 보고서 를 완성해 볼까요?

**학습목표**
» 인터넷 자료를 복사하여 문서에 삽입할 수 있습니다.
» 스타일을 만들어 반복적인 서식을 빠르게 적용할 수 있습니다.
» 만든 스타일을 다른 문장에 적용할 수 있습니다.

· **실습파일** : 견학보고서(예제).hwp    · **완성파일** : 견학보고서(완성).hwp

미리보기

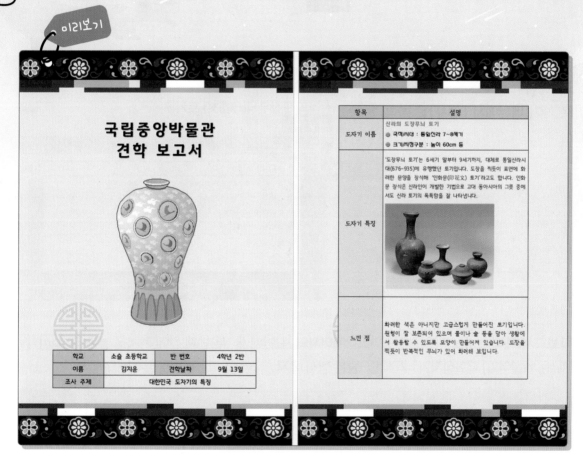

오늘 배울 기능

➤ **스타일 지정** : [서식] 탭-[스타일 추가하기]

➤ **HTML 문서 붙이기** : 텍스트 복사 후 [편집] 탭-[붙이기]

## 1 인터넷 자료 복사하여 삽입하기

**01** 인터넷을 실행하고 주소 입력창에
"www.museum.go.kr"을 입력해 이동
해요. 국립중앙박물관 홈페이지로 이동하면
**[소장품]–[큐레이터 추천 소장품]**을 클릭
해요.

**02** 상단 메뉴에서 **[선사 · 고대]**를 클릭
하여 하위 내용 중 **[신라의 도장무늬 토기]**
를 클릭해요.

💡 게시글의 위치는 변경될 수 있어요.

**03** 신라의 도장무늬 토기의 설명글을 마
우스로 드래그하고 마우스 오른쪽 버튼을
눌러 바로 가기 메뉴에서 **[복사]**를 클릭
해요.

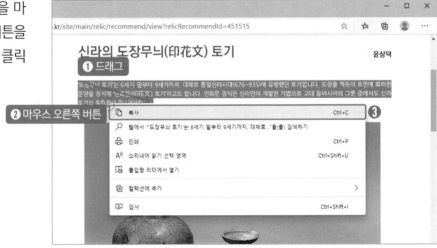

**04** '**견학보고서(예제).hwp**' 파일을 실행하고 2페이지의 세 번째 줄, 두 번째 칸에 커서를 놓은 후 Ctrl+V를 눌러
요. [HTML 문서 붙이기] 대화상자가 나타나면 '**원본 형식 유지**'를 선택하고 [확인]을 클릭해요.

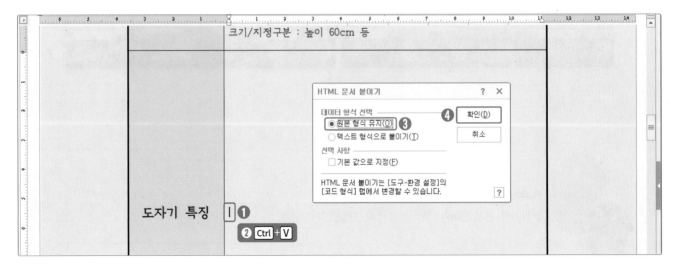

**05** 다시 인터넷 창으로 돌아가 도자기 그림 위에서 마우스 오른쪽 버튼을 눌러 바로 가기 메뉴에서 **[이미지 복사]**를 선택하여 복사해요.

**06** 한글 창을 열고 복사한 텍스트 아래 커서를 놓고 Ctrl+V를 눌러 붙여넣기 해요. 그림이 삽입되면 조절점을 이용하여 크기를 조절해 다음과 같이 배치해요.

💡 그림을 붙여넣을 때 [HTML 문서 붙이기] 대화상자가 표시되면 '원본 형식 유지'를 선택하고 [확인]을 클릭해요.

## ② 스타일 만들고 적용하기

**01** 도자기 이름을 블록 지정하고 서식 도구 상자에서 글꼴, 글자 크기, 글자 색을 지정해요.

**02** **[서식] 탭–[스타일 추가하기()]**를 클릭해요. [스타일 추가하기] 대화상자가 나타나면 스타일 이름에 "**도자기 제목**"을 입력하고 [추가]를 클릭해요.

• ② 경기천년제목V Bold ③ 12pt ④ 초록(RGB:40,155,110)

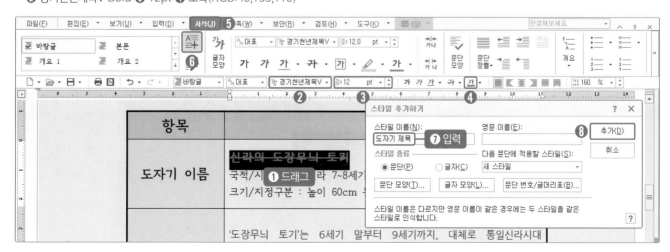

**03** 같은 방법으로 도자기 정보를 블록 지정하고 글꼴, 글자 크기와 그림 글머리표를 설정해요. **[서식] 탭-[스타일 추가하기(▣)]**를 클릭하고 [스타일 추가하기] 대화상자에서 스타일 이름에 **"도자기 시대"**를 입력한 후 [추가]를 클릭해요.

• ❷ HY동녘M ❸ 11pt

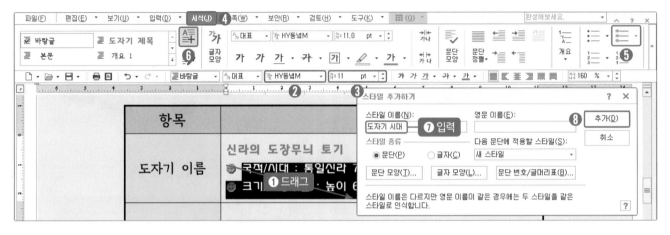

**04** 같은 방법으로 도자기 특징 설명글을 블록 지정하고 글꼴, 글자 크기, 줄 간격을 설정해요. **[서식] 탭-[스타일 추가하기(▣)]**를 클릭하고 [스타일 추가하기] 대화상자에서 스타일 이름에 **"도자기 특징"**을 입력한 후 [추가]를 클릭해요.

• ❷ 경기천년제목 Light ❸ 12pt ❹ 160%

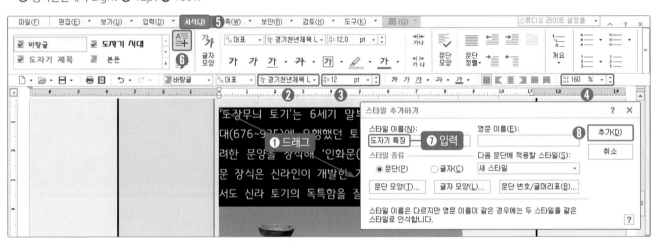

**05** 3페이지로 이동하여 도자기 이름을 블록 지정하고 **[서식] 탭**에서 **'도자기 제목'** 스타일을 클릭하여 스타일을 적용해요.

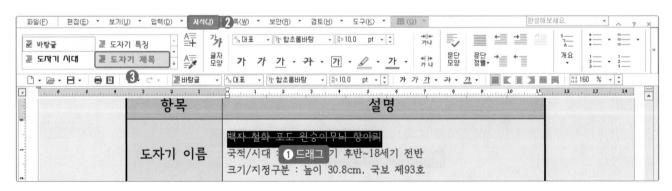

**06** 같은 방법으로 4페이지까지 각각에 맞는 스타일을 적용해요.

**혼자서 뚝딱뚝딱**

① 스타일 기능을 이용하여 작성 조건에 따라 학급 신문을 완성해 보세요.

• 실습파일 : 학급신문(예제).hwp    • 완성파일 : 학급신문(완성).hwp

# 학급신문(Class paper)

**우리 반을 함께 만들어요! 9월 18일 제 7호**

■ 반장과 부반장을 뽑았어요.

2학기 동안 우리 반을 대표할 반장 선거가 있었어요. 반장은 사진에서처럼 잘생긴 김동욱 친구가 되었어요. 부반장은 이서연 친구가 되었고요. 앞으로 힘든 일도 많겠지만 선생님에게 반 친구들의 목소리를 전달해주는 반장이 되겠다고 합니다.

■ 첫 미술활동으로 시간표를 만들었어요.

2학기가 시작되고 첫 미술 활동으로 시간표를 만들었어요. 김민정 친구가 만든 시간표가 반 친구들이 뽑은 예쁜 시간표에 뽑혀 이번 학기 동안 우리 반에서 사용하게 되었어요. 축하합니다^^

■ 2학기 첫 동아리 활동이 있었어요.

9월 11일에는 첫 동아리 활동이 있었어요. 올해부터는 학생들이 자율적으로 동아리를 만들고 운영하게 되었어요. 보드게임, 댄스 동아리, 로봇 동아리 등 여러 가지 동아리 학생들이 설레는 마음으로 첫 활동을 시작하였습니다.

| 동아리명 | 활동 |
|---|---|
| 댄스 파파 | K-POP 따라 추기 |
| 보드 게임 | 치킨차차 게임 |
| 미래 로봇 | 모터의 원리 익히기 |

■ 이번 달 쿠폰 왕 선발

★ 착한 일 하기 쿠폰 : 김성대
★ 친구 도와주기 쿠폰 : 박은진
★ 퀴즈 쿠폰 : 한태영
★ 급식 자유 쿠폰 : 김기영
★ 자유 시간권 : 이진수

☆ ☆ ☆ ☆ ☆ ☆ ☆ ☆ ☆

---

🧭 **작성 조건**

스타일
- 제목 : 글꼴 '경기천년제목 Medium', 글자 크기 '15pt', 글자 색 '남색(RGB:58,60,132)', 그림 글머리표
- 본문 : 글꼴 '경기천년바탕 Regular', 글자 크기 '12pt', 줄 간격 '170%'

# 21 힘내라 대한민국! 태극기 만들기

수업시간에 우리나라에 대해서 배운 소연이는 우리나라를 상징하는 태극기를 직접 만들어 보려고 했어요. 그런데 아무리 생각해도 태극 무늬를 어떻게 표현해야 할지 잘 모르겠더라고요. 한글 2016을 잘하는 승현이에게 SOS를 했어요. 승현이가 알려준 방법으로 태극기를 완성해 볼까요?

**학습목표**
» 도형을 삽입하고 다각형 편집 기능을 사용할 수 있습니다.
» 개체 묶기 기능을 이해하고 활용할 수 있습니다.
» 개체 회전 기능을 활용할 수 있습니다.

· 실습파일 : 태극기(예제).hwp    · 완성파일 : 태극기(완성).hwp

미리보기

오늘 배울 기능

➡ **다각형 편집** : [도형] 탭-[다각형 편집]

➡ **도형 복사** : Ctrl +드래그

➡ **개체 묶기** : [도형] 탭-[그룹]-[개체 묶기]

➡ **개체 회전** : [도형] 탭-[회전]-[개체 회전]

**01** '**태극기(예제).hwp**' 파일을 실행하고 원 도형을 삽입하기 위해 **[입력] 탭-[타원(○)]**을 클릭한 후 마우스 포인터가 '✛' 모양으로 바뀌면 Shift +드래그하여 원을 삽입해요.

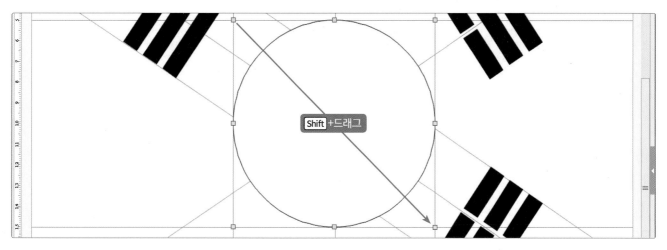

💡 바탕쪽에 가이드라인을 표시해두었으므로 맞춰 그리면 쉬워요.

**02** 삽입된 원을 더블 클릭하여 [개체 속성] 대화상자가 나타나면 **[기본] 탭**, **[선] 탭**, **[채우기] 탭**에서 다음과 같이 지정하고 [설정]을 클릭해요.

• ❷ 100mm ❸ 100mm ❺ 선 없음 ❽ 파랑(RGB:0,0,255)

💡 '파랑'은 [오피스] 테마에서 설정할 수 있어요.

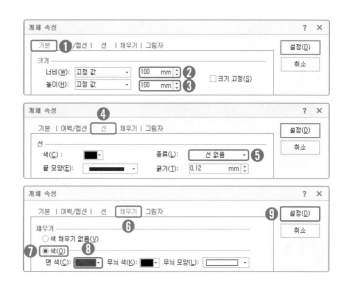

**03** 타원을 반원으로 만들기 위해 원이 선택된 상태에서 **[도형] 탭-[다각형 편집(⬡)]**을 클릭해요.

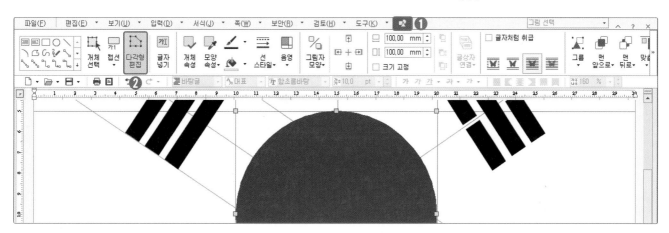

**04** 원에 조절점 하나가 생기면 대각선 가이드라인에 맞춰 좌우로 드래그하여 반원으로 만들어요.

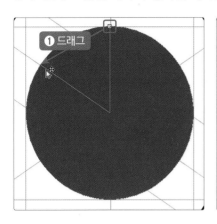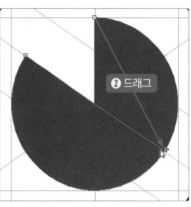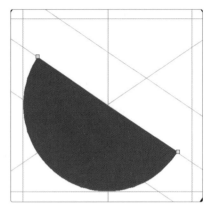

**05** 반원 도형을 Ctrl+드래그하여 복사하고 **[도형] 탭-[회전]-[개체 회전]**을 클릭해 반원을 회전하여 반대편에 배치해요.

**06** 복사된 도형을 더블 클릭하여 [개체 속성] 대화상자가 나타나면 **[채우기] 탭**에서 채우기의 면 색을 '**빨강(RGB:255,0,0)**'으로 지정하고 [설정]을 클릭해요.

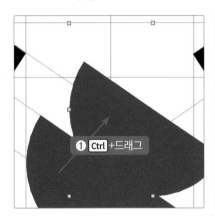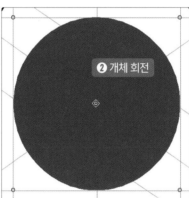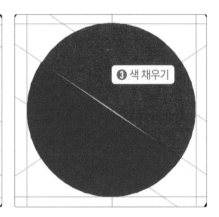

## 2 도형으로 태극무늬 만들기

**01** 태극무늬를 만들기 위해 **[입력] 탭-[타원(○)]**을 클릭하여 삽입하고 [개체 속성] 대화상자에서 다음과 같이 지정한 후 [설정]을 클릭해요.

· ❷ 50mm ❸ 50mm ❺ 선 없음 ❽ 빨강(RGB:255,0,0)

**02** 타원을 [Ctrl]+드래그하여 복사한 후 다음과 같이 배치해요. 복사한 타원은 [개체 속성] 대화상자의 **[채우기] 탭**에서 채우기의 면 색은 '**파랑(RGB:0,0,255)**'을 지정해요.

 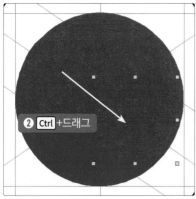 

💡 키보드의 방향키를 이용해 위치를 조금씩 조절해요.

## ③ 도형으로 태극기의 '건곤감리' 만들기

**01** 태극기의 '건곤감'은 만들어져 있으므로 '리(이)'만 만들어 볼게요. **[입력] 탭-[직사각형( )]**을 클릭하고 문서에 빈 공간에 드래그하여 삽입한 후 [개체 속성] 대화상자에서 다음과 같이 지정한 다음 [설정]을 클릭해요.

- ❷ 50mm ❸ 8mm ❻ 검정(RGB:0,0,0)

💡 태극기의 네 모서리는 '건곤감리' 4괘로 구성되는데, 왼쪽 위의 '건'괘는 하늘, 오른쪽 아래의 '곤'괘는 땅, 오른쪽 위의 '감'괘는 물, 왼쪽 아래의 '이'괘는 불을 나타내요.

**02** 속성이 설정된 직사각형 도형을 선택하고 [Ctrl]+[Shift]+드래그하여 아래쪽에 2개 복사해요.

**03** 두 번째 사각형을 선택하고 조절점을 드래그하여 크기를 반보다 조금 더 줄여주세요.

**04** 크기를 줄인 도형을 [Ctrl]+[Shift]+드래그하여 오른쪽으로 복사해요.

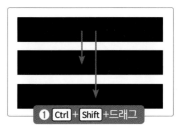 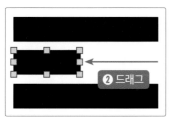 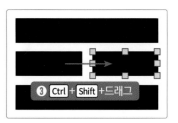

💡 작은 직사각형은 [개체 속성] 대화상자의 [기본] 탭에서 너비를 '23mm'로 지정해도 좋아요.

**05** 직사각형 도형을 Shift+클릭으로 모두 선택하고 [도형] 탭-[그룹]-[개체 묶기]를 클릭해요.

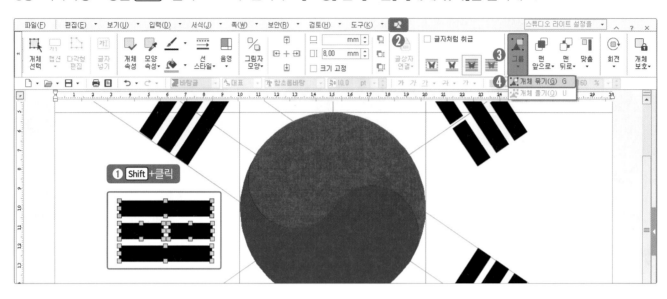

**06** 개체 묶기한 도형이 선택된 상태에서 [도형] 탭-[회전]-[개체 회전]을 클릭해 다음과 같이 배치해요.

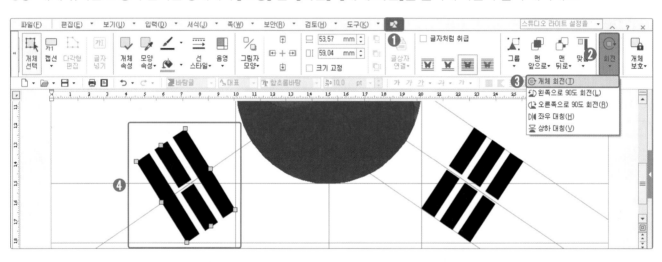

**07** 가이드라인을 삭제하기 위해 [쪽] 탭-[바탕쪽]을 클릭해요. [바탕쪽] 편집 창이 나타나면 삽입되어 있는 직선을 선택하고 Delete 를 눌러 모두 삭제해요.

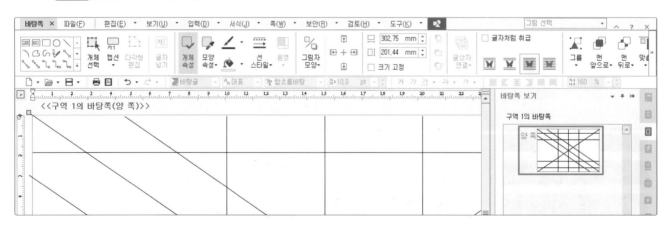

**08** 삭제가 완료되면 [바탕쪽] 탭-[닫기(➜🚪)]를 눌러요.

혼자서 뚝딱뚝딱

**1** 도형과 그림으로 각 신체 부위를 가리키도록 작성 조건에 따라 문서를 만들어 보고, 아래 표에서 신체 부위에 해당하는 정답을 찾아보세요.

· 실습파일 : 영어낱말퀴즈(예제).hwp    · 완성파일 : 영어낱말퀴즈(완성).hwp

작성 조건

| 타원 | 선 모양 '실선', 선 굵기 '0.5mm', 선 색 '초록(RGB:40,155,110)', 채우기 '그림 채우기', 채우기 유형 '원래 크기에 비례하여' |
|---|---|
| 직선 | 선 모양 '실선', 선 굵기 '0.5mm', 선 색 '초록(RGB:40,155,110)' |

※ 퀴즈의 정답은 [21차시] 폴더에서 '영어낱말퀴즈(정답).png'를 확인해요.

# 22 아하! 일상에서 발견한 과학 상식

천웅이는 수업시간에 일상생활 곳곳에 숨어 있는 과학 원리가 정말 많다고 말씀한 선생님의 이야기를 듣고 인터넷에서 관련된 자료를 찾아보았어요. 워터파크에 가면 흔히 볼 수 있는 워터슬라이드에 과학 원리가 숨어 있다는 사실을 알고 친구들에게 설명하기 위해 자료를 만들어 보기로 했어요. 우리도 함께 해 볼까요?

**학습목표**
» 다각형 도형을 이용해 그림을 그릴 수 있습니다.
» 수식을 이용해 과학 공식을 만들 수 있습니다.

· **실습파일** : 워터슬라이드(예제).hwp   · **완성파일** : 워터슬라이드(완성).hwp

**미리보기**

신기한 과학 이야기

## 워터슬라이드에서 발견한 과학 상식!

워터슬라이드는 에너지 보존 법칙 원리를 이용한 놀이기구에요. 높은 곳에서 낮은 곳으로 이동하는 워터슬라이드의 위치에너지가 중력가속도의 영향을 받아 내려오면서 운동에너지로 바뀌는 원리에요. 즉, 워터슬라이드는 높은 곳에서 낙하하면서 생기는 중력에 의한 위치 에너지가 운동에너지로 바뀌게 되는 것입니다.

하지만 내려오면서 물체와 워터슬라이드의 맞닿은 면에서 발생하는 마찰력으로 인해 속도에 제한이 걸릴 수 있는데, 이런 점을 해결하기 위해 워터슬라이드에 물을 흘려 마찰력을 줄이고 더욱 빠른 속도감을 느낄 수 있게 해 준답니다.

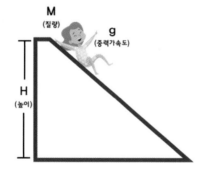

M
(질량)

g
(중력가속도)

H
(높이)

### 에너지 보존 법칙
### (Law of energy conservation)

에너지가 다른 에너지로 전환될 때, 전환 전후의
에너지 총합은 항상 일정하다는 법칙

$$\frac{1}{2}mv^2 = mgh \rightarrow v = \sqrt{2gh}$$

**오늘 배울 기능**

➤ **단 설정** : [쪽] 탭-[단]

➤ **도형 그리기** : [입력] 탭-[다각형]

➤ **수식** : [입력] 탭-[수식]([Ctrl]+[N], [M])

# 1 글자 모양 지정하고 다단 설정하기

**01** '**워터슬라이드(예제).hwp**' 파일을 실행하고 본문 글자 전체를 블록 지정한 후 서식 도구 상자에서 글꼴, 글자 크기를 지정해요.

- ❷ 경기천년제목 Light ❸ 13pt

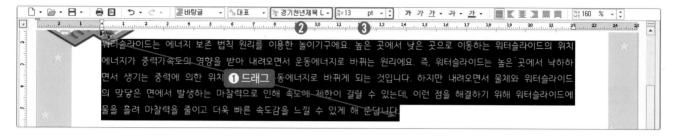

**02** 강조가 될 부분을 블록 지정하고 글꼴, 밑줄, 글자 색을 지정해요.

- ❷ 경기천년제목 Medium ❸ 밑줄 ❹ 빨강(RGB:255,0,0)

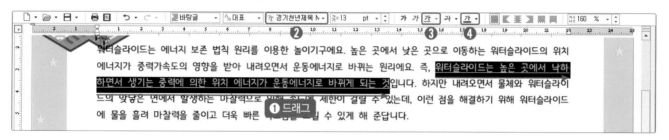

**03** 본문 전체를 블록 지정하고 [쪽] 탭-[단(▤)]을 클릭해요. [단 설정] 대화상자가 나타나면 단 개수와 구분선 넣기를 지정하고 [설정]을 클릭해요.

- ❶ 둘 ❷ 구분선 넣기

💡 블록 지정 후 단을 설정하면 블록으로 지정된 부분만 다단이 설정돼요.

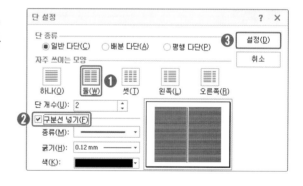

**04** 두 개의 단으로 나뉘면 '하지만' 글자 앞에 커서를 놓고 [쪽] 탭-[단 나누기(▤)]를 클릭해요.

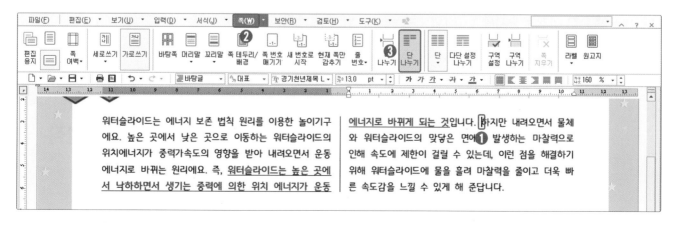

## 2 도형 삽입하고 속성 지정하기

01 도형을 삽입하기 위해 **[입력] 탭-[다각형( )]**을 클릭하고 다음과 같이 Shift+클릭을 이용해 다각형을 그려요.

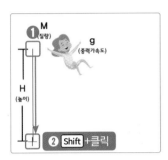 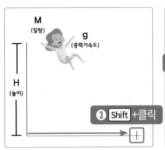 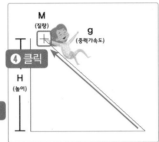 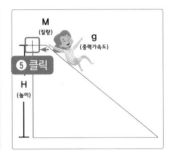

Shift를 이용하면 직선을 그릴 수 있어요. 단, 대각선을 그릴 때에는 Shift를 사용하면 각도가 변경되니 끝점을 클릭만 해서 만들어요.

02 도형이 만들어지면 더블 클릭하여 **[선] 탭**에서 선 색, 종류, 굵기를 지정하고 **[설정]**을 클릭해요.

- ❷ 남색(RGB:58,60,132) ❸ 실선 ❹ 2.0mm

## 3 수식 입력하기

01 글자 속성을 지정하기 위해 문장을 각각 블록 지정하고 서식 도구 상자에서 다음과 같이 설정해요.

글꼴 '경기천년제목 Bold', 글자 크기 '19pt', 글자 색 '빨강(RGB:255,0,0)', 가운데 정렬, 줄 간격 '130%'

글꼴 '한컴 윤고딕 230', 글자 크기 '15pt', 가운데 정렬, 줄 간격 '130%'

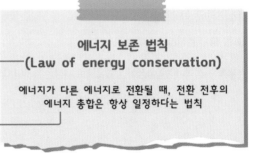

02 마지막 문장 아래에 커서를 놓고 **[입력] 탭-[수식( )]**을 클릭해요.

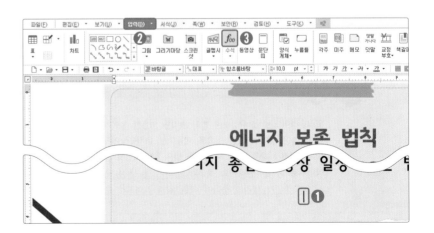

**03** [수식 편집기] 창이 나타나면 '**분수(믐)**'를 클릭해요. 입력이 가능한 상태가 되면 "**1**"을 입력하고 [Tab]을 누른 후 "**2**"를 입력한 다음 [Tab]을 눌러요.

**04** "**mv**"를 입력하고 '**위첨자(A¹)**'를 클릭하여 "**2**"를 입력한 후 [Tab]을 누른 다음 "**=**"을 입력해요.

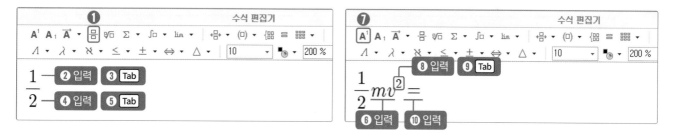

**05** 다음 순서에 맞춰 [Tab]을 눌러가면서 수식을 입력해요.

• ❶ "mgh" 입력 ❷ 화살표(⇔ ▾) ❸ 하위 목록에 '→' 삽입 ❹ "v=" 입력 ❺ 근호(√⎺) 클릭 ❻ "2gh" 입력

**06** 수식 입력이 완료되면 도구 모음의 글자 크기를 "**20**"으로 지정하고 [**넣기( →▯ )**]를 클릭해요.

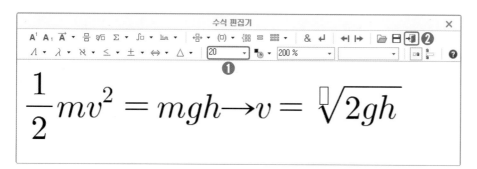

**07** 수식 입력이 완료된 것을 확인해요.

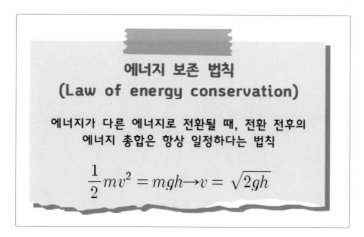

에너지 보존 법칙
(Law of energy conservation)

에너지가 다른 에너지로 전환될 때, 전환 전후의
에너지 총합은 항상 일정하다는 법칙

$$\frac{1}{2}mv^2 = mgh \rightarrow v = \sqrt{2gh}$$

**1** 도형과 수식 기능을 이용하여 작성 조건에 따라 다음과 같이 수학 공식을 완성해 보세요.

• 실습파일 : 수학공식(예제).hwp • 완성파일 : 수학공식(완성).hwp

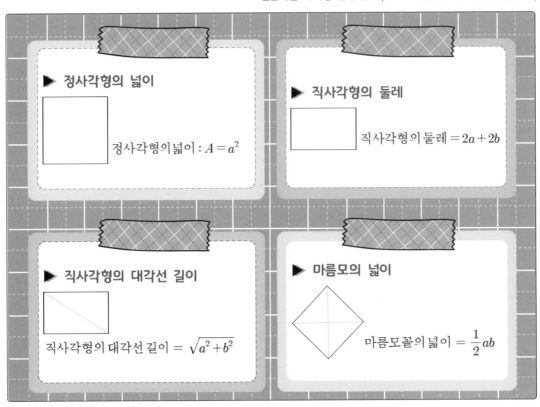

▶ 정사각형의 넓이

정사각형의넓이 : $A = a^2$

▶ 직사각형의 둘레

직사각형의 둘레 $= 2a + 2b$

▶ 직사각형의 대각선 길이

직사각형의 대각선 길이 $= \sqrt{a^2 + b^2}$

▶ 마름모의 넓이

마름모꼴의 넓이 $= \dfrac{1}{2}ab$

 작성 조건

| | |
|---|---|
| 제목 | 글꼴 '경기천년제목 Bold', 글자 크기 '22pt', 글자 색 '보라(RGB:157,92,187)', 그림 글머리표 |
| 도형 | • [입력] 탭-[직사각형]/[직선], [그리기마당]-[기본 도형]-[다이아몬드]<br>• 글자처럼 취급<br>• 점선 : 선 색 '초록(RGB:40,155,110)', 선 종류 '점선', 선 굵기 '0.4mm' |
| 수식 | 글자 크기 '20pt' |

# 23 게임 스토리보드 만들기

민현이의 장래희망은 재미있는 게임을 만드는 게임 개발자에요. 게임을 개발하기 위해서는 먼저 게임에 대한 '스토리보드'라는 것을 만들어야 한다고 해요. 게임의 전체 내용을 쉽게 확인할 수 있도록 글과 그림으로 게임 스토리보드를 만들어 볼까요?

 **학습목표**
» OLE 개체를 이용해 그림을 그리고 문서에 삽입할 수 있습니다.
» 표와 그림을 이용해 스토리보드를 완성할 수 있습니다.

· 실습파일 : 스토리보드(예제).hwp, 미라.png   · 완성파일 : 스토리보드(완성).hwp

**미리보기**

## 게임 스토리보드
타임머신을 실험 중에 중세시대로 이동한 주인공이 용의 검을 찾아 백성들을 괴롭히는 미라를 물리치는 게임. 미라를 많이 잡을수록 레벨이 올라감.

 미라를 잡아라

Scene : #1
타임머신을 타고 미래로 가려다가 중세시대에 떨어지는 주인공

Scene : #2
왕에게 기사 작위를 수여 받고 전사가 됨

Scene : #3
용의 검을 찾아 먼 길을 떠나서 용의 검을 찾음

Scene : #4
성에 들어와 백성들을 괴롭히는 미라

Scene : #5
용의 검으로 미라와 싸워 미라들을 물리친다.

Scene : #6
미라를 모두 물리친 주인공은 다시 현재로 돌아온다.

 **오늘 배울 기능**
➤ **OLE 개체 삽입** : [입력] 메뉴-[개체]-[OLE 개체]
➤ **그림 회전** : [그림] 탭-[회전]-[좌우 대칭]

## 1 표 서식 설정하고 복사하여 배치하기

**01** '**스토리보드(예제).hwp**' 파일을 실행하고 표의 세 번째 줄과 네 번째 줄을 블록 지정한 후 ⬜을 눌러요.

**02** [셀 테두리/배경] 대화상자가 나타나면 **[테두리] 탭**에서 왼쪽과 오른쪽의 선을 없애주세요.

- ❷ 선 없음 ❸ 왼쪽 ❹ 오른쪽

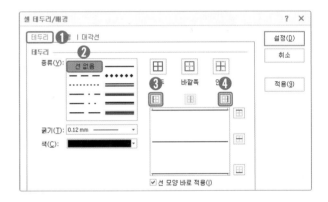

**03** 미리 보기 화면 아래 '**선 모양 바로 적용**'의 **체크를 해제**하고 테두리 종류와 위치를 지정한 후 [설정]을 클릭해요.

- ❷ 파선 ❸ 안쪽 가로 ❹ 아래

💡 '선 모양 바로 적용'의 체크를 해제하면 여러 종류의 선 모양을 한 번에 설정할 수 있어요.

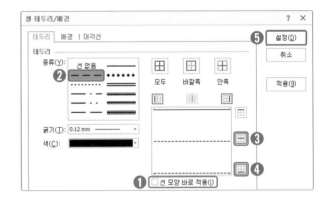

**04** 표의 첫 번째 줄에 커서를 놓고 [표] 탭-[셀 배경 색]에서 '**초록(RGB:40,155,110)**'으로 지정해요

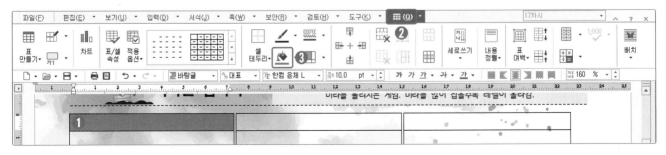

💡 셀을 블록 지정하지 않아도 셀 배경 색을 지정할 수 있어요.

134

**05** 같은 방법으로 두 번째와 세 번째 표도 셀 서식을 지정해요.

**06** 첫 번째 표의 테두리를 클릭하여 선택하고 Ctrl+C를 눌러 복사해요. 아래쪽에 커서를 놓은 후 Ctrl+V를 3번 눌러 그림처럼 표를 붙여넣기 해요.

**07** 첫 번째 줄, 세 번째 줄, 네 번째 줄에 각각 다음과 같이 입력하고 서식 도구 상자에서 글꼴, 글자 크기, 글꼴 색, 정렬 등을 지정해요.

- 첫 번째 줄 : 한컴 윤체 L, 하양(RGB:255,255,255), 가운데 정렬
- 세 번째 줄, 네 번째 줄 : 한컴 윤체 L, 11pt

| 표 | 첫 번째 줄 | 세 번째 줄 | 네 번째 줄 |
|---|---|---|---|
| 첫 번째 표 | Scene : #1 | 타임머신을 타고 미래로 가려다가 중세시대 | 에 떨어지는 주인공 |
| 두 번째 표 | Scene : #2 | 왕에게 기사 작위를 수여 받고 전사가 됨 | |
| 세 번째 표 | Scene : #3 | 용의 검을 찾아 먼 길을 떠나서 용의 검을 | 찾음 |
| 네 번째 표 | Scene : #4 | 성에 들어와 백성들을 괴롭히는 미라 | |
| 다섯 번째 표 | Scene : #5 | 용의 검으로 미라와 싸워 미라들을 | 물리친다. |
| 여섯 번째 표 | Scene : #6 | 미라를 모두 물리친 주인공은 다시 현재로 | 돌아온다. |

**08** 두 번째 표의 '기사' 그림을 선택하고 Ctrl+드래그하여 다섯 번째 표 안에 배치한 후 [그림] 탭-[회전]-[좌우 대칭]을 클릭해요.

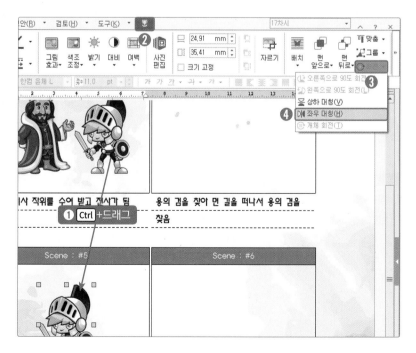

**09** [입력] 탭-[그림(  )]을 클릭하여 [그림 넣기] 대화상자가 나타나면 **[23차시]** 폴더에서 '**미라.png**' 파일을 선택한 후 '**글자처럼 취급**', '**셀 크기에 맞추어 삽입**'에 **체크**한 다음 [넣기]를 클릭해 그림을 삽입해요.

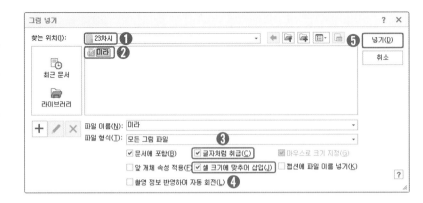

**10** 미라 그림이 삽입되면 크기를 적절히 조절하고, 문서 창의 왼쪽 위에 배치해요.

## 2 OLE 개체로 그림판 삽입하기

**01** 첫 번째 표의 두 번째 줄에 커서를 놓고 [입력] 메뉴-[개체]-[OLE 개체]를 클릭해요.

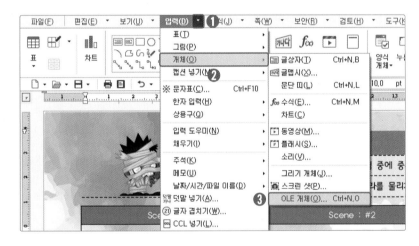

**02** [개체 삽입] 대화상자가 나타나면 개체 형식을 '**그림판 그림**'으로 지정하고 [넣기]를 클릭해요.

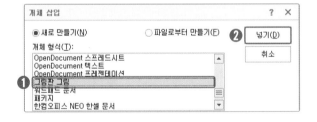

**03** 그림판 프로그램이 실행되면 [홈] 탭-[크기]-[1px]를 클릭하고 [도형]-[번개]를 클릭해요.

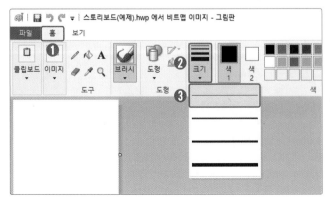
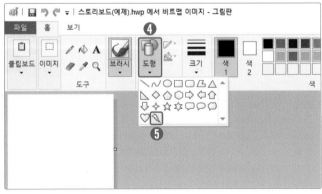

**04** 드래그하여 번개를 그리면 한글 2016 프로그램에서 그림판 그림이 삽입될 셀이 사선 무늬로 표시되고, 그림이 바로 표시돼요.

**05** 첫 번째 Scene의 내용에 맞춰 여러분이 상상해 그림을 그려보세요. 그림을 다 그렸으면 **[파일] 메뉴-[끝내고 문서로 돌아가기]**를 클릭해요.

💡 '연필'이나 '브러시'를 활용해 자유롭게 그려요.

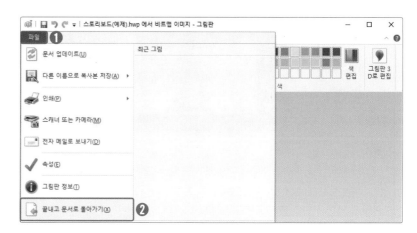

**06** 같은 방법으로 세 번째, 네 번째, 여섯 번째 표에도 내용에 맞게 OLE 개체를 삽입해 스토리보드를 완성해요. 그림이 정렬되지 않았다면 개체를 클릭하고 **[그림] 탭**에서 **'글자처럼 취급'**에 **체크**한 후 서식 도구 상자에서 **'가운데 정렬(≡)'**을 클릭해요.

**1** OLE 개체 삽입 기능을 이용하여 작성 조건에 따라 그림판에서 명작을 그리고 이름을 지어 보세요.

· **실습파일** : 별이빛나는밤(예제).hwp   · **완성파일** : 별이빛나는밤(완성).hwp

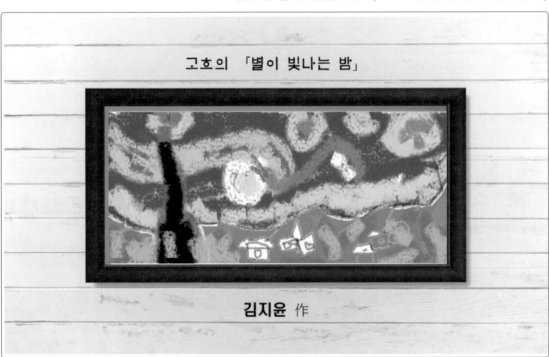

고흐의 「별이 빛나는 밤」

김지윤 作

 인터넷에서 고흐의 '별이 빛나는 밤'을 검색해 따라 그려보세요.

## 작성 조건

| 그림판 | 유화 브러시, 크레용, 에어브러시 사용 |
| --- | --- |
| 작품명 | 글꼴 '문체부 훈민정음체', 글자 크기 '18pt' |
| 이름 | 글꼴 'HY헤드라인M', 글자 크기 '18pt' |

① 액자가 가로로 길기 때문에 그림판의 배경 조절점을 액자 안쪽 크기와 비슷하게 변경하면 한글 2016 화면에서 개체 가 삽입될 곳이 사선 무늬로 표시돼요.

② 한글 2016에서도 조절점을 이용해 가로, 세로의 크기를 액 자 안쪽 크기에 맞게 조절해요.

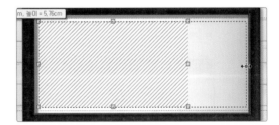

# 우주인 탐구생활 프레젠테이션하기

소영이는 국립과천과학관에서 운영 중인 우주연구실 인턴체험에 참여했어요. 짧은 시간이었지만 우주에 대해서 알 수 있는 재미있는 시간이었어요. 이 경험을 친구들 앞에서 발표해야 하는데요. 한글 2016에서 작성한 문서를 파워포인트에서 작성한 것처럼 보이게 하려면 어떻게 해야 할까요?

**학습목표**

» 프레젠테이션 설정으로 화면 전환 효과를 지정할 수 있습니다.
» 한글 2016으로 작성한 문서로 발표에 사용할 프레젠테이션을 진행할 수 있습니다.

미리보기

· 실습파일 : 우주탐험(예제).hwp   · 완성파일 : 우주탐험(완성).hwp

오늘 배울 기능

➡ **프레젠테이션 실행** : [도구] 탭-[프레젠테이션]-[프레젠테이션 실행](Ctrl + K, P)

➡ **프레젠테이션 화면 전환** : [도구] 탭-[프레젠테이션]-[프레젠테이션 설정]

**01** '**우주탐험(예제).hwp**' 파일을 실행하고 보고서의 이름을 입력하기 위해 제목 글상자를 선택한 후 Ctrl+드래그하여 아래쪽으로 복사해요. 텍스트를 변경하고 글상자를 선택한 후 서식 도구 상자에서 글꼴, 글자 크기, 글자 색을 변경해요.

- ❹ 경기천년제목 Medium ❺ 24pt ❻ 노랑(RGB:255,215,0)

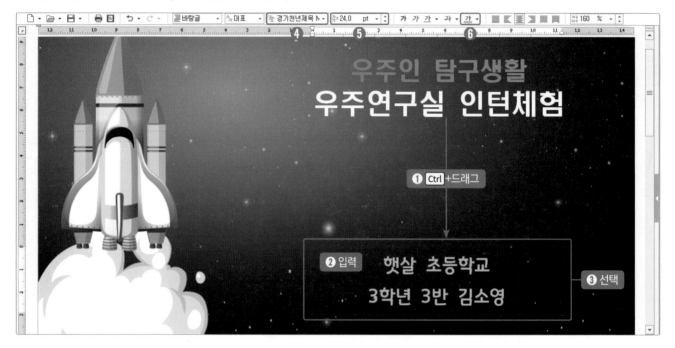

**02** 다시 제목 글상자를 선택하고 Ctrl+C를 눌러 복사한 후 **2페이지**에서 Ctrl+V를 2번 눌러 붙여넣기 해요.

**03** 글상자가 원래 있던 위치에 붙여넣기 되므로 각각 드래그하여 화면 중앙으로 이동한 후 텍스트 내용을 변경하고 글꼴과 글자 크기를 변경해요.

- 제목 : 글꼴 '경기천년제목 Medium', 글자 크기 '25pt'
- 본문 : 글꼴 '경기천년제목 Medium', 글자 크기 '17pt'

**04** 본문 글상자를 선택하고 조절점을 드래그하여 그림처럼 가로 길이를 늘려주세요.

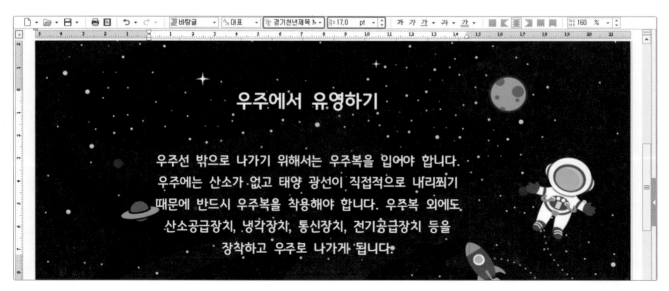

**05** 2페이지의 제목 글상자를 선택하고 [Ctrl]+[C]를 눌러 복사한 후 **3페이지**에서 [Ctrl]+[V]를 눌러 붙여넣기한 다음 텍스트를 변경해요.

💡 글상자의 크기를 텍스트 크기에 맞춰 조절해 주세요.

**06** 표를 삽입하기 위해 [**입력**] **탭**-[**표(▦)**]를 클릭해요. [표 만들기] 대화상자가 나타나면 줄 수와 칸 수를 지정하고 '**마우스 끌기로 만들기**'에 체크한 후 [만들기]를 클릭해요.

· ❶ 2 ❷ 10

**07** 마우스 포인터가 '＋' 모양으로 바뀌면 드래그하여 다음과 같이 표를 삽입해요.

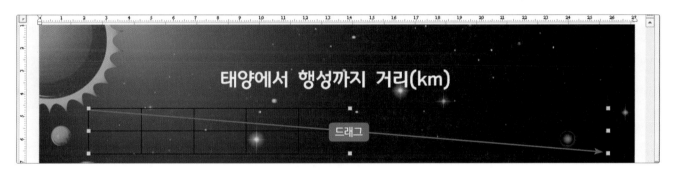

**08** 표 안에 커서를 놓고 [F5]를 3번 눌러 표 전체를 블록 지정하고 [L]을 눌러요.

**09** [셀 테두리/배경] 대화상자가 나타나면 [**테두리**] **탭**에서 다음과 같이 지정해요. '**선 모양 바로 적용**'의 **체크를 해제**하여 한꺼번에 모두 지정하고 [설정]을 클릭해요.

· ❷ 이중 실선 ❸ 하양(RGB:255,255,255) ❹ 바깥쪽 ❻ 실선 ❼ 안쪽

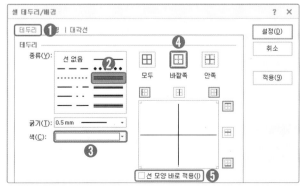
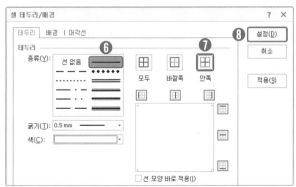

**10** 표 전체가 블록 지정된 상태에서 서식 도구 상자에서 글꼴, 글자 크기, 진하게, 글자 색, 정렬을 지정해요. [Esc]를 눌러 블록 해제하고 표 안에 글자를 입력해요.

• ❶ 경기천년제목 Light ❷ 13pt ❸ 진하게 ❹ 하양(RGB:255,255,255) ❺ 가운데 정렬

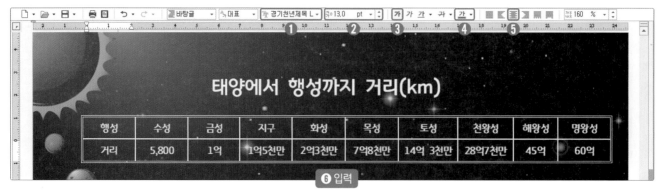

💡 텍스트 길이에 따라 셀 너비를 드래그하여 조절해요.

 **2 한글 문서로 프레젠테이션 하기** 🛟

**01** 완성한 문서를 활용하여 프레젠테이션을 하기 위해 **[도구] 탭-[프레젠테이션]-[프레젠테이션 설정]**을 클릭해요.

**02** [프레젠테이션 설정] 대화상자가 나타나면 **[화면 전환] 탭**에서 화면 전환을 '**상자형으로 펼치기**'를 선택하고 [확인]을 클릭해요.

💡 프레젠테이션을 실행할 때 3초마다 다음 화면으로 전환되도록 지정되어 있어요.

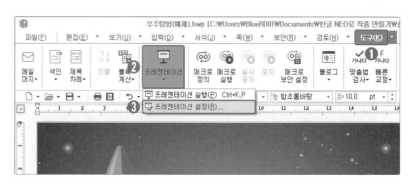

**03** [Ctrl]+[Page Up]을 눌러 **1페이지**로 커서를 이동하고 **[도구] 탭-[프레젠테이션]-[프레젠테이션 실행]**을 클릭해요.

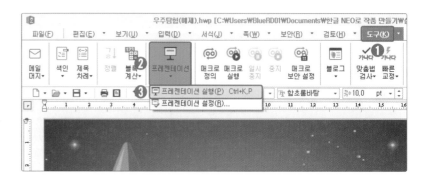

**04** 마우스 휠을 아래로 움직이면 다음 페이지로 넘어갈 때 설정한 화면 전환 효과가 적용된 것을 확인할 수 있어요.

💡 마우스 오른쪽 버튼을 클릭하고 바로 가기 메뉴에서 [다음 쪽]/[이전 쪽]을 클릭해도 페이지를 이동할 수 있어요.

**05** 프레젠테이션을 진행하면서 강조할 부분을 체크하기 위해 마우스 오른쪽 버튼을 클릭하여 바로 가기 메뉴에서 **[선 그리기]**를 선택해요.

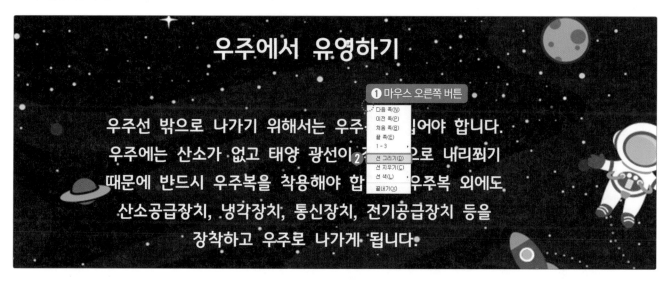

**06** 드래그하면 원하는 곳에 선을 그릴 수 있어요. Esc 를 누르면 프레젠테이션을 종료할 수 있어요.

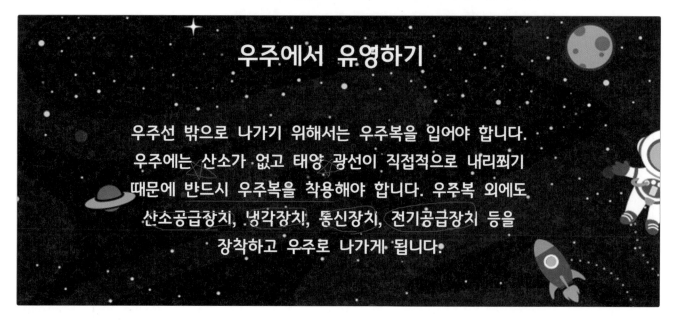

# 혼자서 뚝딱 뚝딱

1 다음과 같이 치아 관리 문서를 만들고 프레젠테이션으로 실행해 보세요.

• 실습파일 : 치아 관리(예제).hwp, 이미지 파일(임플란트, 치실, 치아)    • 완성파일 : 치아 관리(완성).hwp

올바른 치아 관리, 평생을 좌우한다!

프레젠테이션 : 화면 전환 효과 '위쪽 블라인드'

쪽 테두리/배경 : 배경 색 'RGB:108,202,95'

그림 삽입
'치아.png', 글자처럼 취급, 가운데 정렬

## 치실 사용법

① 치실을 40cm 정도로 끊습니다.
② 치실을 양쪽 검지에 돌돌 말아 10cm 정도의 간격을 만듭니다.
③ 팽팽하게 잡고 치아 사이사이에 끼워 넣습니다.
④ 앞뒤로 치실을 움직여 찌꺼기를 빼냅니다.

• 제목 : 글꼴 '경기천년제목 Medium',
  글자 크기 '25pt,' 글자 색 '하양
  (RGB:255,255,255)', 그림 글머리표
• 본문 : 글꼴 '경기천년제목 Medium',
  글자 크기 '17pt'

그림 삽입
'치실.png', 글자처럼 취급, 가운데 정렬

## 임플란트 장점

① 임플란트는 틀니와 같이 움직이지 않고 고정되어 있기 때문에 자기치아와 같은 느낌이 든다.
② 자연스러운 외관이나 표정을 찾게 되어 사람들 앞에서 자신감이 회복된다.

내어쓰기 : 27pt

그림 삽입
'임플란트.png', 글자처럼 취급, 가운데 정렬